KB036406

영양시대의 종말

영양에 대한
집착이 무너뜨린
밥상, 건강, 세상을
다시 세우기

영양시대의 종말

영양에 대한 집착이 무너뜨린 밥상, 건강, 세상을 다시 세우기

지은이 | 이대택
초판 1쇄 발행 | 2014년 7월 10일
초판 2쇄 발행 | 2016년 10월 25일

펴낸곳 | 도서출판 따비
펴낸이 | 박성경
편 집 | 신수진
디자인 | 이수정

출판등록 | 2009년 5월 4일 제313-2010-256호
주소 | 서울시 마포구 동교로17안길 11 (서교동) 1층
전화 | 02-326-3897
팩스 | 02-337-3897
메일 | tabibooks@hotmail.com
인쇄·제본 | 영신사

ISBN 978-89-98439-09-5 03300
값 15,000원

The End of Nutrition Age

영양시대의 종말

영양에 대한
집착이 무너뜨린
밥상, 건강, 세상을
다시 세우기

이대택 지음

따비

일러두기

인용한 내용의 출처는 권말 참고문헌에서 밝혔으며,
본문의 작은 숫자로 표시하였다.

하늘에서 평안하실
아버지께

생리학을 전공한 사람으로 나에게 인체는 항상 신비의 세
계다. 세포 하나하나가 자신의 생존을 위해 몸부림치면서도 그
세포들이 하나둘 모여 공동체의 삶을 살아가는 모습은 경이로
움 그 자체다. 생물학적으로 생명체의 삶이란 고달픈 과정이며
결국 그것이 한낱 우주에서 작은 시공을 차지하는 꿈으로 비추
어질지라도 그 시도와 과정은 눈물겹도록 아름답다.

인체는, 최소한 나의 눈에는 지구상에서 가장 아름다운 기능
을 가진 기계인 동시에 창조물이다. 우주에 존재하는 다른 생
명체와의 비교를 통해 내린 결론이 아니다. 단지 우리가 인체
를 다른 생명체보다 더 많이 알고 있기 때문이다. 그렇다고 우
리가 인체를 다 이해하고 있는 것은 절대 아니다. 우리가 알고
있는 것은 우리가 모르는 것에 비해 턱없이 적다. 태평양의 모

래 한 톨과 태평양의 크기를 비교하면 그 규모가 이해되지 않을까. 어쩌면 모르는 것이 더 많아 인체가 신비한 것인지도 모를 일이다.

나는 인체의 신비를 '운동'이라는 키워드로 푼다. 인체 기능을 운동이라는 키워드를 통해 설명하는 동시에, 거꾸로 운동이 어떻게 인체에 영향을 미치는지 알려고 한다. 궁극적으로는 생명체가 어떻게 하면 더욱 값지고 아름다워질 수 있는가 하는 질문에 운동이라는 도구를 이용해 답하고자 한다. 생명체의 입장에서 말이다. 사람의 입장이 아닌.

사람들은 말한다. 건강하고 행복한 삶을 위해 이렇게 먹고 저렇게 움직이라고. 사람들은 말한다. 더욱 건강해지기 위해서는 무엇을 가까이하고 무엇을 멀리하라고. 이럴 때는 이렇게 먹으며, 저럴 때는 저렇게 움직이라고. 그러나 인체는 사람들의 그 말에 동의하지 않는다. 인체는 사람들의 생각과는 무관하게, 자연과 우주에서 정해놓은 일정한 법칙에 의해 기능하고 살아간다. 인체는 사람들이 간섭하는 것과는 달리 훨씬 정교하고 교묘하게 작동한다.

인간의 건강한 삶은 그런 삶이 영위될 수 있도록 하는 환경이 조성되었을 때 가능하다. 자연적이고 생명체 친화적인 음식을 먹을 수 있을 때 가능하며, 자연스러운 움직임과 활동이 보장될 때 가능하며, 안전하고 편안하게 움직이고 쉴 수 있을 때 가능하다. 인간은 이러한 환경을 보장받기 위해 지금까지 투쟁하고 경쟁해왔으며 지금도 진행 중이다. 다만 최근 두 세기 동안 어쩌면 인간의 그런 노력이 오히려 자신을 불리한 상황으로 몰아가고 있지 않나 돌아볼 일이다.

인간의 건강은 역시 잘 먹는 것에서부터 시작된다. 잘 먹어야 생명체의 삶이 순탄할 수 있으며 영생의 가능성을 높일 수 있다. 먹는 것이 불안전하거나 불완전하다면 건강은 물론 생명체로서의 삶도 보장받지 못한다. 우리는 과연 잘 먹고 있을까? 우리는 과연 잘 움직이고 있을까? 우리는 과연 안전하게 살고 있는 것일까?

이 책은 우리가 먹고 있는 것에 대한 진상을 솔직하게 드러내보자는 노력의 일환으로 쓰여졌다. 인간이 먹는다는 것이 무엇이며, 우리가 먹고자 하고 먹어야 한다고 생각하는 것들에 과연 우리 몸이 동의하고 있는지를 알아보고자 하였다. 우리가 무엇을 어떻게 먹고 있는지 살펴보았으며, 영양학의 겉모습과 속살을 들여다보았다. 과학이라는 굴레가 우리에게 무엇을 먹게 하고 있으며, 영양소나 칼로리라는 화학적 개념이 어떻게 적용되어야 하며, 비합리적이지는 않은지 살펴보았다. 과연 무엇을 어떻게 먹어야 한다는 상식들이 과학적이라고 불리는 지식들과 함께 뭉쳐 우리를 어디로 어떻게 끌고 가는지를 설명하려 했다. 먹는 것에 대한 알량한 지식들이 오랜 경험과 지혜를 어떻게 피폐화시켰는지를 알리고자 했다.

　사회는 변한다. 동시에 먹을거리와 음식문화도 변한다. 아니 변해야만 한다. 변한다는 것은 어쩌면 불가항력적인 사회현상일 수 있다. 변한다는 것에는 역기능도 있지만 분명 순기능의 측면이 존재한다는 것에 매력을 느낀다. 많은 경우 순기능이 더 클 수도 있다. 명심할 것은, 변하는 것을 받아들이되 인간이 더욱 행복하고 안전하게 살 수 있도록 변하고 있는가를 점검하고 확인해야 한다는 것이다. 지금 우리가 먹고 있는 것들 그리고 먹는 문화가 그러한지 생각해볼 시간이다.

북한산 자락에서
이대택

개밥그릇과 개사료

어릴 적 우리 집에는 마당이 있었다. 마당에서는 그때 다른 집들도 다 그러했듯 한두 마리의 개를 키웠다. 형제들이 자라면서 부모님은 마당이 있는 집을 헐고 그 자리에 3층짜리 건물을 세웠다. 그 덕에 마당은 사라졌지만 우리 가족은 계속 개를 키웠다. 형제들이 개를 좋아해서이기도 했지만, 주인을 알아보는 충성스러운 개는 늘 집안에 필요한 존재였다. 부모님은 양옥에 살아야 하는 개들에게 2층으로 오르는 계단 한 구석에 집을 만들어주었고, 녀석들은 계단을 오르는 사람들을 일일이 감시했다.

우리 개들은 끼니를 거른 적이 없었다. 1970년대에 우리 사는 모습이 대개 그러하듯, 녀석들은 우리 가족이 먹고 남긴 음식을 먹고 살았다. 가족들의 식사가 끝나면 누군가가 남은 음식을 한데 모았고, 그 잔반을 잘 비벼서 개밥그릇에 담아주었다. 멀리서 누군가가 잔반을 들고 오면 개들은 있는 힘껏 꼬리를 치면서 개줄이 끊어져라 날뛰었다. 사람이든 개든 먹는 것에서 얻는 즐거움과 행복은 같았다.

개밥그릇은 그리 청결하지 않았다. 아니 더럽다고 표현하는 것이 더 합당할지 모르겠다. 다 찌그러진 양은그릇에 검은 때가 덕지덕지 끼여 있었다. 기억하건대 개밥그릇을 씻어준 적이 없었던 것 같다. 사람이 그릇을 씻어주기 전에 개들은 이미 자기에게 주어진 먹을거리를 다 먹고 혓바닥으로 깨끗하게 그릇까지 핥았기 때문에 개밥그릇을 설거지할 이유도 없었다. 확실한 것은 그 더러운 그릇의 개밥을 먹었을지라도 그것 때문에 개들에게 문제가 생긴 적은 한 번도 없었다는 것이다. 어떤 경우에도 개들은 주인이 비벼준 밥을 최대한 맛있게 먹고 건강하게 컸다.

이제 이런 장면은 시골에서나 볼 수 있는 모습일 것이다. 대도시의 집들은 대부분 아파트로 변했고 마당을 가진 집은 찾아보기 어려워졌다. 대도시의 환경에서는 더 이상 개를 풀어놓기를 수도 없고, 실내에서 키우는 개들의 밥그릇이 꼬질꼬질해지게 놔둘 수도 없다. 그래서 이제 더러운 개밥그릇을 상상하기란 참으로 어려운 일이다. 단지 개를 키우는 공간 환경적 제약뿐 아니라, 개에게 사람이 먹다 남긴 밥을 준다는 것 자체가 이제 개를 무시하거나 학대하는 일로 보일 수 있기 때문이다. 그러니까 도시의 애완견들은 사람들과 마찬가지로 깨끗하고 위생조건이 보장된 환경에서, 영양가를 고려해 애완견만을 위해 만들어진 먹을거리를 먹으며 살아가고 있다. 사람은 먹지 않을 다른 음식, 즉 사료를 먹는다.

40년 전의 개밥그릇에 담긴 개밥과 현재의 개사료. 과연 우리는 이 변화를 어떻게 바라보고 있을까. 우리는 개밥과 개사료 중에서 무엇이 더 개를 위한 먹을거리라고 생각할까. 먼저 동등한 비교를 위해 그 안에 담긴 내용물을 들여다보자. 개밥그릇에는 사람이 먹다 남긴 잔반이 담기고, 사료그릇에는 애완견을 위해 따로 만들어진 음식이 담긴다. 개밥그릇은 비와 바람을 맞으며 그 내용물이 오염되고 상했을지도 모른다고 생각되는 반면에 사료는 항시 청결함을 유지하는 용기에 담긴다. 그렇다면 개들을 위한 더 나은 식사로 무엇을 꼽을 수 있을까? 누가 봐도 그것은 후자처럼 보인다.

여기서 잠시 우리 인간의 음식문화에 나의 개밥그릇 경험을 투영해보자. 지난 30~40년 동안 우리 사회의 음식문화는 크게 변했다. 우리는 그 변화로 인해 예전에 먹던 것들에 비해 지금 먹는 것들이 양적으로나 질적으로 훨씬 좋아졌다고 생각한다. 그리고 지금 먹고 있는 음식들로 인해 우리가 더욱 건강해질 것이며, 깨끗하고 안전한 음식이 질병으로부터 보호해줄 것이라고 믿는다. 과연 그럴까? 만약 그렇지 않다면? 게다가 우리가 이롭다고 철석같이 믿고 있는 현대 음식의 특성들이 오히려 인간에게 더 큰 해악을 끼치고 있다면?

나는 이 책에서 현대 음식에 대한 우리의 상식을 뒤집어보려고 한다. 한마디로, 우리가 지금 먹고 있는 것들이 예전에 먹던 것들에 비해 전혀 좋아지지 않았으며, 오히려 덜 건강하고 덜 안전하며 덜 영양적일 수 있다는 주장을 하려 한다. 개밥그릇을 버리면서 얻은 것과 잃은 것이 있다면, 이를 인간의 음식에도 똑같이 적용할 수 있지 않을까? 개밥그릇을 버리고 개에게 먹이는 사료가 그러하듯, 현대의 음식은 분명 위생과 청결을 보장하는 것처럼 보인다. 그러나 우리를 건강하게 만들어줄 수 있다고 주장하는 현대의 영양학적인 음식들이 오히려 우리를 건강으로부터 멀어지게 하고 있다. 마당이 없어진 집에서 실내에서 개를 키워야 하는 상황에 맞춰 개에게 사료를 먹이듯, 인간은 현대 사회생활에 맞춰 빠르고 간단히 준비할 수 있는 음식을 선택하게 되었다. 어쩌면 우리는 현대인을 위해 만들어진 사료를 먹고 있는지도 모른다. 개밥그릇과 개사료를 소개한 이유가 여기 있다. 우리가 지금 무엇을 어떻게 먹고 있는지를 가장 쉽게 표현해주기 때문이었다.

그렇다면 과연 인간이 그동안 먹어왔던 것과 현대인이 먹는 인간용 사료는 어떻게 다를까.

자연에서 일차적으로 만들어진 것, 기계를 이용한 공정을 거쳐 생산되는 것.

거의 항상 냄새가 진하게 풍기는 것, 냄새가 거의 나지 않거나 입맛을 극단적으로 돋우기 위해 인공적인 냄새를 풍기는 것.

비위생적이고 기생충도 있을 법한 것, 매우 위생적이며 기생충은 절대 살지 못하는 것.

먹는 시기가 따로 있으며 그때 가장 맛있는 것, 장기간 보존하여 먹을 수 있는 것.

인간이 오랫동안 먹어온 것, 지난 100년간 먹게 된 것.

먹는 대로 살이 되는 것, 모두 살로 가는지 의심스러운 것.

건강에 도움이 되는 것으로 알려진 것, 건강에 최고로 좋다고 바락바락 우겨지는 것.

자연의 순리로 만들어지는 것, 자연의 순리를 무시하고 인간이 만든 것.

자연 순환이 빠른 것, 순환이 느린 것.

만들어 먹는 데 시간이 오래 걸리는 것, 돈 주고 사서 바로 먹을 수 있는 것.

대량생산이 쉽지 않은 것, 마음만 먹으면 무제한의 생산이 가능하며 심지어 대량일수록 좋은 것.

시간 투자 및 재료 구입비 등이 비경제적인 것, 무지하게 경제적인 것.

먹으면서 편안함을 느끼는 것, 먹고도 불안한 것.

부모들이 자식에게 먹이고 싶은 것, 부모들이 하는 수 없이 자식에게 제공하는 것.

무엇으로 만들어졌는지 재료를 볼 수 있는 것, 재료가 무엇인지 알 수조차 없는 것.

배부를 때까지 먹어도 대략적으로 자신의 정량에 부합되는 것, 꼭 먹어야 하는 양이 정해진 것.

할머니들이 먹으라고 하시던 것, 영양학자들이 먹으라고 주장하는 것.

광고에 나오지 않는 것, 광고를 무지하게 하는 것.

이것저것 가리지 말고 먹으라는 것, 꼭 골라서 먹으라는 것.

정부에서 신경 쓰지 않아도 잘 먹고 있는 것, 정부에서 항상 신경 써서 먹으라고 하는 것.

재료를 이용해 다양한 음식을 만들 수 있는 것, 구입한 형태로만 섭취해야 하는 것.

가끔 머리카락이나 돌이 들어가는 것, 몰라서 그렇지 기상천외한 물질들이 많이 포함된 것.

집집마다 고유의 제조법이 있는 것, 어디를 가나 똑같이 만들어지는 것.

날마다 맛이 다른 것, 항상 같은 맛을 유지하는 것.

예전이나 지금이나 시장에서 볼 수 있는 것, 언제 나타났다가 언제 사라졌는지 모르는 것.

길거리 좌판에서 볼 수 있었던 것, 식품 매장의 진열대에 놓여 있는 것.

이만하자. 한도 끝도 없겠다.

음식에서 위생과 청결은 중요하다. 먹을거리와 음식문화에 절대적으로 전제되어야 하는 조건이다. 아무리 영양가 높은 음식이라 할지라도 안전하지 않거나 불결하다면 그것은 음식으로의 가치를 잃는다. 균형 잡힌 영양 또한 중요하다. 균형 잡힌 영양을 섭취해야만 건강한 생명 연장을 보장할 수 있기 때문이다. 먹을거리와 음식문화에 대한 이 두 가지 전제에 대해 그 어느 누구도 반론을 제기하지 못한다. 개밥그릇을 버리고 개사료로 이동했던 것도 이 전제조건을 만족시키기 위해 나타난 현상이다.

그러나 우리는 악수를 두었다. 개밥그릇을 갈아치우면서 그 속에 담긴 음식마저 사료로 바꾼 것이다. 이제 와서 개밥그릇을 다시 쓸 수는 없다. 개밥그릇이 비위생적인 것은 분명하기 때문이다. 그러나 깨끗한 그릇에 사료를 넣어 먹기보다는 잔반을 먹는 것이 건강에 더 유리할 수 있음을 알아야 한다. 개밥그릇은 바꾸어야 하지만 개밥그릇의 내용물인 먹을거리마저 사료로 바꾸어서는 안 된다.

인간의 음식이 사료로 바뀐 데는 역설적으로 영양학과 식품산업의 공이 크다. 영양학과 식품산업의 발달은 인간이 건강을 위해 음식을 어떻게 먹어야 하는지 교도하고 있다. 더 나아가 과거에 우리가 음식에 부여했던 가치를 변화시키고 있다. 음식이 가족이나 친한 사람들이 모여 배불리 먹으며 즐거운 시간을 보내는 수단이었다면, 이제는 건강과 안전을 위해 섭취해야 하는 필수불가결한 물질 정도로 바뀌고 있다. 편하고 즐겁게 먹어야 하는 음식이 고민과 선별을 통해 먹어야 하는 음식으로 바뀌면서, 어우러져 먹는 음식문화도 영향을 받고 말았다.

　우리는 과연 무엇을 어떻게 먹어야 하는 것일까. 과학과 증거를 바탕으로 구성되고 만들어진 먹을거리를 먹어야 할까. 아니면 예전의 자연적 음식 획득과 경험적 음식문화를 따를 것인가. 과연 건강한 밥상은 무엇이며 무엇이 우리를 건강하게 해줄 수 있을 것인가. 과학적 영양이란 진정 우리를 행복하고 건강하게 만들어줄 수 있는 것인가. 이 책에서는 현재까지 알려진 과학의 증거들을 토대로 이런 고민에 대해 체계적으로 짚어보려 한다.

1장

우리의 먹는 모습

간편하고, 빠르고,
비싼 먹을거리들

세상은 점점 빨라진다. 빠른 속도가 경쟁력을 높인다고 믿는다. 그래서일까. 음식을 먹는 속도나 방법도 빨라졌다. 간편하게 빨리 준비해서 후다닥 먹는 것에 익숙해진 지 오래다. 편의점에서 삼각김밥과 컵라면을 함께 사서 먹는 장면은 낯설지 않다. 나도 가끔씩은 이렇게 먹는다. 우리 사회는 당장 준비해서 빨리 먹는 것을 권장하는 듯하다. 그런데 점심은 그렇다 치고, 아침과 저녁은 어떤가. 우리는 과연 음식을 여유롭게 즐기는 시간을 갖고 있는가.

서양을 기준으로 보자면, 약 100년 전만 하더라도 음식에 대한 사람들의 걱정거리는 위생과 안전이었다. 음식 관리는 위생

관리의 개념이었으며, 음식을 어떻게 보관하고 유통하느냐가 건강과 직결된다고 생각했다. 시대가 변하면서 사람들은 위생의 문제와 더불어 언제 어디서나 안전하게, 그리고 맛있는 음식을 먹는 것을 기대하게 되었다. 우리나라도 예외는 아니다. 해방 이후 보릿고개 시절을 지나 산업화가 진행되면서, 음식에 대한 관심도 배불리 먹는 데서 위생과 유통으로 이동하였다. 그러나 어떤 사회에서도 위생적이고 신선한 음식을 언제든지 구할 수 있는 방법은 그리 많지 않았다. 대도시의 경우라면 식당에서 밥을 사 먹거나 조리된 음식을 구입해 먹을 수 있겠지만 이도 만만치 않았다. 신선한 과일을 언제든지 구할 수 있다는 관념은 없었다. 사람들은 바쁜 일과에 맞게 간편하고 빠르고 안전하면서도 신선한 음식을 찾게 되었다. 게다가 장시간 보관할 수 있다면 얼마나 좋을까.

이와 같은 사회문화적 환경의 변화와 경향을 식품업체들은 정확하게 간파했다. 업체들은 사람들의 요구와 기호에 발맞추어 언제 어디서나 먹을 수 있는 맛난 음식을 만들어 시장에 내놓았다. 냉동음식과 건조음식, 저장음식 등이 그것이다. 소비자들은 이런 '준비된' 음식을 환영했다. 쉽게 썩고, 손질하고 조리하기 힘들며, 시간마저 많이 들여야 하는 음식보다, 싸고 간편하고 안전하고 빠르며 혼자서도 먹을 수 있는 음식을 선호하지 않을 이유가 없었던 것이다. 가격이 비싸다 해도 그만한 가치가 있다고 믿었다.

냉동음식과 건조음식은 전자레인지에 넣고 몇 분만 기다리면 따끈하게 준비되어 나온다. 이것도 기다리기 싫다면 컵라면은 어떤가. 뚜껑 열어 수프 뜯어 넣고 뜨거운 물 붓고 들고 나간다. 언제 먹는가는 그 가는 면을 어느 정도 익힐 것인가의 문제다. 이제 배고픔은 순식간에 해결할 수 있는 문제가 되었다. 사람들은 더 맛있고 더 다양한 인스턴트음식을 요구하게 되었다. 업체들은 이런 소비자들의 요구를 충족시키면서 동시에 이들의 욕구를 자극한다. 업체들 간의 경쟁도 치열하다. 수조 원에 달하는 인스턴트식품 시장을 누가 얼마나 차지하느냐가 관건이다.

인스턴트음식은 다양한 이점을 선사한다. 간편하게 언제 어디서나 먹을 수 있도록 해준다. 이제는 패션의 아이콘으로도 인스턴트음식이 사용된다. 물도 더 비싼 것을 마셔야 더 멋져 보이기까지 한다. 멋진 포장의 음식은 맛도 더 있는 듯하다. 우리는 지금 과연 무엇을 먹고 있는 것인가.

나는 대학 다닐 때 등산을 좋아했다. 배낭에는 쌀과 반찬거리 그리고 코펠과 버너를 챙겼다. 물은 산꼭대기만 아니라면 어느 계곡에서든 언제든 어디서든지 구할 수 있었다. 물을 사 먹는다는 건 상상도 할 수 없었다. 지금 물이 얼마나 비싼지 우리는 잘 안다. 이제는 물장사만으로는 경쟁이 치열해서 업체들도 다양한 아이디어를 내는 모양이다. 최근 많은 식품업체들은 물에 약간의 영양소와 첨가물을 넣어 더 비싸고 화려한 제품들을 출시하고 있다. 일단 새로운 제품을 출시하면 차별화하기 위해서라도 그것을 자랑해야 한다. 어떻게 자랑할 것인가? 업체들은 자신의 상품이 '몸에 더 좋다'고 선전한다. 물도 상품이고 저마다 상품의 독특성을 얘기하고 있으니 이 과정에서 다양한 물(?)들이 순식간에 몸에 좋은 물로 재탄생한다.

마케팅은 더 가관이다. 지하수에는 천연적으로 미네랄이 포함되어 있다. 그래서 사람들은 좋은 물일수록 천연 미네랄이 많이 들었을 것이라고 여긴다. 게다가 좋은 미네랄이 많이 포함된 물을 많이 마시면 몸에도 좋을 것이라고 생각한다. 들로 산으로 유명하다는 약수를 마시러 일부러 가는 사람들이 즐비한 마당에, 천연 미네랄이 더 많이 든 물을 마시는 것이 결코 손해나는 일은 아닐 터이다. 식품제조업체들은 그래서 물에 비타민을 넣는다. 그런데 비타민은 사실 맛이 없다. 아니 안 좋다. 그것도 상당히 안 좋다. 못 믿겠다면 비타민 하나 으깨어 물에 타 먹어보시길. 백이면 백, 설탕을 넣어야겠다는 생각이 자연스럽게 들 것이다. 몸에 좋다는 비타민을 물에 녹이고, 없어진 맛을 돋우려고 설탕을 넣는다면 이게 보통의 음료와 무슨 차이가 있을까. 여기서 비타민을 빼버린다면 그 물은 그저 설탕물에 지나지 않게 된다.

이번엔 음료를 보자. 특히 다이어트음료를 보자. 최근에는 다이어트음료도 너무 많이 출시되어 있다. 소비자들은 이제 다이어트음료라는 말에 식상해한다. 식품업체들은 '다이어트'라

　　　　　　　　　　　　　1장　우리의 먹는 모습

는 단어 대신 이번엔 '라이트'라는 단어를 사용한다. 체중 조절과 과다한 첨가물을 염려하여 일반 음료보다는 다이어트음료나 라이트음료를 선호하는 사람도 많다. 참으로 이상하다. 라이트음료라 해봤자 거기에는 설탕이 들어간다. 즉 보통의 음료에 물을 더 타는 것이다. 사실 가장 좋은 다이어트음료는 맹물이다. 설탕이 전혀 들어 있지 않기 때문이다. 그래도 사람들은 설탕 맛을 포기하지 못해 비싼 라이트음료 구입과 음용을 정당화한다. 뭔가 앞뒤가 맞지 않는다.

알고 먹던 것에서
몰라도 먹는 것으로

우리는 먹을거리를 어떻게 고르고 있을까. 호박을 예로 들어 보자. 사람들은 대부분 먼저 호박의 모양을 볼 것이다. 큰가 작은가, 어디 생채기는 없는가. 색깔도 본다. 골고루 푸른빛을 띠는가, 탱탱하고 빛의 각도에 따라 윤기가 나는가. 만져도 본다. 혹시 오래되어 무르지는 않은가. 그리고 가격을 본다. 지난 번 살 때와 비교해 그리고 지금까지 살펴본 호박의 품질에 비해 적당한 가격에 팔리고 있는가. 그리고 이 모든 '평가' 단계에서 머릿속의 보이지 않는 주판알을 굴려서 살 것인가 말 것인가를 결정한다. 그런데 호박을 선택하는 과정 처음부터 마지막까지 어디에도 호박의 출신성분에 대한 고려는 없다. 내가 구입하는 호박이 어디서 왔는지는 전혀 상관하지 않는다. 알고 싶지도 않고 알아봤자 달라지는 것은 없다.

다행일까. 최근에는 먹을거리의 원산지를 표시하게끔 한다. 음식물의 출처를 명확하게 해서 소비자의 의구심을 덜자는 의도다. 더 친절한 경우는 '국내산'이 아닌 '지역'과 '생산자 이름' 그리고 '생산자의 얼굴'까지 제공하기도 한다. 그렇다고 이런 노력이 구입하는 먹을거리의 내면을 다 보여주지는 못한다. 다만 조금이라도 소비자를 안심시키려는 노력을 통해 더 많은 매출을 올리려는 심산으로 보인다. 게다가 원산지 공개를 교묘하게 이용해 수입산을 국내산으로 둔갑시켜 판매하는 현상을 보자면, 원산지 표시 노력은 소비자가 구입하는 먹을거리에 대한 알 권리와는 거리가 멀어진다.

몇몇 생활협동조합이나 친환경 식품매장을 이용하는 소비자들, 또는 지역공동체지원농업community supported agriculture, CSA에 가입한 소비자들은 생산자를 직접 마주하여 먹을거리를 구입한다. 제철에 맞는 그리고 친환경적으로 생산된 농산물을 그때그때 구입하는 것이다. 가격은 약간 비싼 축에 속하고 원하는 물건을 바로 살 수 없다는 단점이 있지만, 그나마 생산자와 생산 과정을 알고 먹을 수 있다는 장점을 가진다.

그렇다면 우리는 왜 먹을거리의 생산자와 생산지 그리고 만들어진 과정에 대해 알아야 할까. 답은 간단하다. 내가 구입한 음식은 결국 내 몸속에 들어갈 것이고, 그것들이 몸속에서 분해되고 재조립되어 내 몸으로 다시 나타나기 때문이다. 그렇다면 믿을 수 있는 것을 먹을 것인가, 알지 못하는 것을 먹을 것인가에 대한 답이 명확해진다. 그래서 생산지와 생산 과정 그리고 그것을 생산한 사람들을 만나서 먹을거리에 대한 작은 정보라도 얻는 것이 중요하다. 땅에 떨어진 과일인지 가지에서 딴 과일인지, 나무에 매달려 익은 것인지 딴 다음에 익힌 것인지, 가뭄에 딴 채소인지 아니면 하우스에서 재배한 채소인지 등의 아주 사소한 정보들이다. 가격이 오르거나 떨어지는 것도 재배량이나 수확량과 관계 있으며, 이러한 정보를 아는 것으로부터 먹을거리에 대한 고마움과 즐거움도 느낄 수 있다. 궁극적으로는 이를 통해 먹을거리에 대한 믿음과 신뢰가 증가하고 음식에 대한 편안함이 배가되기도 한다. 심지어 그 먹을거리가 조금 맛이 떨어져도 우리는 이해할 수 있다.

물론 생산자와 생산지를 모르고 구입하는 먹을거리라고 해서 다 믿을 수 없다는 것은 아니다. 충분히 믿을 수 있는 것이며, 오히려 그렇게 믿고자 하는 것이 더 편할 수도 있다. 그러나 실제로 그런 우리의 기대가 항상 굳건하게 유지되기에는 우리 사회가 그리 녹록하지만은 않다. 먹을거리를 판매하는 유통업체와 기업들은 이러한 사실에서 소비자들이 관심을 놓을 때 더욱더 많은 매출을 올릴 수 있기 때문이다.

우리가 생산자와 생산지 그리고 생산 과정을 모르게 되었을 때 우리 먹을거리에 어떤 변화가 생겼는지를 한번 보자.

내 기억에, 어린 시절 먹던 딸기는 상당히 작았다. 딸기 알이 전체적으로 빨간 것을 고르기는 참으로 힘들었다. 최소한 한 구석은 아직 하얀색을 띠고 있었다. 햇볕을 받지 못하고 땅에 붙어 있던 부위임이 자명했다. 특히 기억에 남는 것은 당시의 딸기는 물에 씻어서 반나절만 놔두면 곧바로 물러지거나 뭉그러졌다는 사실이다. 그래서 살이 탱탱한 딸기를 맛있게 먹으려면 산지에서 직접 따서 먹어야 했고, 만약 시장에서 구입한 것이라면 물에 씻은 후 바로 먹어치우는 것이 상책이었다. 물론 살 때부터 약간씩 물러터진 것들도 있었다.

당시 딸기의 맛은 달기도 하였지만 딸기 특유의 새콤한 맛이 살아 있었다. 그런데 요즘의 딸기는 내 기억 속의 딸기와 전혀 다르다. 먼저 크기부터 거의 아이들 주먹만 하다. 딸기의 색깔은 전체 표면이 모두 붉게 잘 익었다. 맛도 보통이 아니다. 한겨울에 마트에서 사는 딸기의 당도도 상당한 수준이다. 새콤한 맛은 거의 사라졌다. 그러나 더욱 놀라운 것은 물에 씻어 한동안 놔두더라도 전혀 모양새가 변하지 않는다는 점이다. 심지어 일주일을 끄떡없이 버틸 뿐 아니라 심지어 사각거리기까지 한다. 크기, 색깔, 맛, 감촉에서 질까지 모두 변했다.

보기에는 모두 좋은 방향으로 변한 듯하다. 어떤 이들은 농경 기술의 발달을 극찬한다. 그런데 이런 변화의 뒤에 무엇이 숨어 있는지 사람들은 관심을 두지 않는다. 그리고 어떤 과정을 통해 바뀌었는지에 대해서도 관심이 없다.

과학으로 키운
먹을거리의 그림자

    산업화와 함께 농업 기술도 괄목할 만한 성장을 했다. 농업 기술의 발달은 크게 두 가지 측면에서 이루어졌다. 먼저 수확량이 많은 종자를 고르거나 개발하는 기술의 발달 그리고 수확량을 증가시키는 농법의 발달이다. 수확량의 증가는 먹을거리의 절대적인 양을 증가시키는 데 공헌했을 뿐 아니라 먹을거리의 가격을 낮추는 데도 기여하였다. 식품가공 기술의 발달은 농업 기술의 발달과 맞물려 더 많은 음식을 더욱 싸게 공급하는 데 공헌하였다. 그러나 이런 과정은 결국 재배되는 식물의 질적 하락을 가져왔다.

    산업화 시대에 작황을 증대시킨 가장 획기적인 농법은 비료의 사용에서 비롯되었다. 비료의 등장과 발달은 화학의 발전과 동행한다. 유기화학 창설자의 한 사람이자 현대 영양학의 아버지로 불리는 독일의 과학자 유스투스 폰 리비히Justus von Liebig, 1803~1873는 윌리엄 프라우트Willam Prout, 1785~1850가 밝힌 음식에 포함된 세 가지의 구성물질, 즉 탄수화물, 지방, 단백질 외에 추가적으로 미네랄이 포함되어 있음을 밝혀냈다. 리비히는 모든 물질이 일정한 화학적 성분으로 이루어져 있다고 믿었다. 그리고 식물이 자라기 위해서도 일정한 화학물질을 흡수해야 한다고 보았으며, 흡수된 물질들로 식물이 구성된다고 생각했다. 그는 흙의 본질이 단순한 화학적 구성요소이며, 식물들은 이 영양소를 이용해 자라는 것으로 생각했다. 그리고 식물에게 필요한 3대 영양소를 질소, 인, 칼륨으로 규정한다. 이를 바탕으로 프리츠 하버Fritz Harber, 1868~1934는 합성 질소비료를 발명하였다. 과학자들과 농부들은 경작지에 필요한 영양소가 이 세 가지에 국한된다고 판단하였다. 그로 인해 비료가 다량으로 뿌려지게 되었고, 식물들의 성장은 아주 빠르게 촉진되었다.

비료와 농약의 사용은 수확량의 일대 변혁을 가져왔다. 같은 면적의 농지에서 더 많은 양의 곡물을 생산할 수 있었다. 그러나 양적 성장의 이면에서는 질적 하락이 기다리고 있었다. 그 당시 사람들은 비료가 식물들을 잘 자라게 하는 요소라고 확신하였음에도, 아직 화학에 대한 이해는 충분하지 않았다. 리비히가 식물들에게 필요한 3대 영양소를 제창할 때만 해도 비타민이나 기타 작은 영양소들은 중요하게 여기지 않았다. 하버의 비료 또한 흙속에서 다양하게 진행되는 생물적 활동의 중요성을 간과하였다. 즉 흙속의 미생물, 지렁이, 균근균mycorrhizal fungi[*] 등의 복잡한 생태계가 식물 건강에 미치는 공헌도를 이해하지 못했던 것이다. 지금은 식물들에게 건강한 환경으로 주목받는 흙속의 다양한 생물들이, 당시에는 작황에 이롭지 못한 것들로 여겨졌다. 따라서 강력한 비료와 농약을 사용하여 박멸하고 처치할 대상으로 취급되었다. 결과적으로 식물들은, 사람들로 말하자면 다양한 음식을 먹을 기회를 박탈당하고, 다만 주요 영양소만을 다량 먹게 된 셈이다. 다양한 영양소를 섭취할 기회를 잃은 식물들은 점차 병충해에 약해졌고, 농부들은 병충해 방제를 위해 더욱 많은 농약을 사용하게 되었다. 농약은 식물이 빠른 속도로 성장하도록 돕기도 했지만, 동시에 땅에 존재하며 살던 많은 생물 활동을 파괴하였다.[1]

미국의 경우, 1950년대 비료 사용의 확산은 식물의 영양소 함유량을 떨어뜨리는 결과를 가져왔다. 비료에 포함된 몇 안되는 단순한 영양소만을 빨아들인 식물이 단순한 영양소만을 함유하게 된 것이다. 1950년대부터 식물의 영양소 함량을 추적해온 미국 농무부의 보고에 의하면 추적 대상 식물 43개에서 영양소가 감소하는 추세가 관찰되었다. 최근의 보고에 의하

[*] 숙주식물의 뿌리에 기생하는 균으로 흙의 화학적 구성과 환경에 중요한 역할을 한다.

1장 우리의 먹는 모습

면 비타민C는 20퍼센트가 줄었으며, 철분은 15퍼센트, 리보플라빈 38퍼센트, 칼슘 16퍼센트가 감소하였다. 영국에서 조사한 결과도 마찬가지다. 10~15퍼센트가량의 철분, 아연, 칼슘, 셀레니움이 감소하였다고 보고되었다.[2]

식물의 영양소가 감소했다는 것은 우리가 영양가 없는 텅 빈 음식을 먹고 있다는 말과 다름없다. 농약을 본격적으로 사용하기 시작한 1950년대 이전, 그러니까 1940년대에 먹던 사과 한 개에 비하면 이제는 같은 양의 철분을 섭취하기 위해 세 개의 사과를 먹어야 한다는 것이다. 개수로는 똑같은 한 개지만 내용으로는 예전의 한 개만 못한 것이다. 이런 사실을 알면 예전에 먹던 음식에 비해 현재의 음식이 얼마나 빈약한 것인지를 이해할 수 있다. 어쩌면 우리는 화학과 영양학의 도움(?)으로 더욱 영양가가 낮은 음식을 먹고 있는 것일지 모른다.

예전에 비해 최근의 식물들이 더 적은 영양소를 함유하고 있는 이유는 무엇일까. 아마도 그 원인이 하나만은 아닐 것이다. 그중 몇 가지를 소개해보자.

첫째, 학자들은 너무 많은 비료를 오랫동안 사용함으로써 토양의 질이 떨어졌다고 본다.[3] 그래서 자연적으로 여기에 뿌리를 두고 자라는 식물이 흡수하는 영양소가 적다는 것이다. 둘째, 비료에 의해 식물들이 너무 빨리 자라기 때문으로 본다. 자연 상태의 식물보다 빠른 속도로 성장하다 보니 비료가 제공하는 주요 영양소는 잘 흡수하는 반면, 그것을 제외한 기타 영양소들을 흡수하여 축적할 수 있는 시간 여유가 없다는 것이다. 동시에 식물들은 땅 위에 뿌려지는 비료를 섭취하면 되므로 굳이 땅속 깊숙하게 뿌리를 내릴 필요가 없으며 따라서 땅속에 포함된 미네랄을 흡수하는 데 불리한 조건을 가지게 되었다고 본다.[4]

학자들이 꼽는 세 번째 이유는 흙속에서 일어나는 생물학적 활동이 충분히 보장받지 못한다는 것이다. 땅속에 포함된 다양한 유기물질들은 천천히 분해되면서 식물들에게 영양분을 공급하는데, 이러한 시간적·공간적 여유가 존재하지 않게 되었다는 것이다. 학자들은 우리에게 알려지지 않은 다양한 생물 활동의 효과와 영양소 흡수가 이 단계에서 작용할 것이라고 추정한다. 예를 들어보자. 비료를 사용하지 않고 유기적으로 재배한 식물들은 더 많은 식물성 화학물질phytochemical*을 함유한다. 이것은 식물이 병충해와 질병으로부터 자신을 방어하기 위해 만드는 물질로 알려져 있는데, 대표적인 것으로 카로티노이드 carotenoids와 폴리페놀polyphenols을 들 수 있다. 이 물질들의 방어 역할은 식물에게만 작용하는 것이 아니라 항산화제 또는 항염 증제로서 인간에게도 유익하다. 즉 유기농으로 재배한 식물은 이런 화학물질을 적게는 10퍼센트, 많게는 50퍼센트 수준으로

---

* 식물이 자신을 보호하기 위해 합성하는 화학물질로, 생물적으로는 활성적이나 영양소의 역할을 하지는 않는다.

더 만들어내며, 이를 섭취함으로써 사람들도 그 덕을 볼 수 있는 것이다.[5]

또 다른 학자들은 최근의 작물에서 영양소가 낮게 나타나는 이유를 식물의 선택과 교배의 문제로 돌린다. 현대 농업에서는 재배하는 식물종의 선정에서부터 식물의 교배를 결정하는 데까지 전적으로 수확량을 기준으로 판단한다. 수확량이 많은 식물만이 선정된다는 뜻이다. 한 예로 식물학자들은 식품가공 과정에서 수소화반응-hydrogenation*에 소비되는 비용을 줄이고 유통기한을 늘리기 위한 방편으로 1980년대부터 다양한 종류의 콩에서 알파-레놀산이 적게 포함된 종자만을 고르게 되었다고 지적한다.[6] 영양소는 뒷전이고 수확량이 많고 가공에 편리함을 제공하는 종자만이 재배의 대상이 된 것이다. 재배된 식물은 더 많은 칼로리를 포함하고 있지만 그 영양소는 줄어든 것이다. 이로 인해 음식의 칼로리는 높아지고 가격도 낮아졌지만 영양가는 없어졌다.

그렇다면 이런 농업과 식품산업의 변화가 우리가 섭취하는 음식의 열량과 영양소의 양에만 영향을 미칠까? 그렇지는 않은 것 같다. 이런 변화는 아직 우리에게 확실하게 알려지지 않은 방식으로 세상에 영향을 미칠 수도 있다. 하나는 다양한 생

---

* 불포화지방에 수소 원자를 첨가하는 화학적 과정으로, 음식가공 과정에서 지방 냄새를 제거하기 위해 수소화반응을 사용한다.

활습관병과 암을 유발할 수 있다는 것이다. 일정한 미세영양소의 결핍은 DNA의 결함을 초래하고 이로 인해 암을 유발할 수 있다는 주장이 있다.[7] 또 다른 한 가지는 필요한 영양소가 모자라게 되는 경우, 인간은 이를 보충하기 위해 계속 먹게 된다는 것이다. 즉 충분한 열량을 섭취하였음에도 정상적인 포만감을 느끼지 못한다는 것이다.[8]

영양가가 떨어지는 음식이 생산되고 판매됨에도 불구하고 우리가 이에 대응하지 못하는 이유는 무엇일까? 이미 딸기를 예로 들면서 설명하였지만 먼저 생산자와 생산지에 대한 정보를 갈구하지 않았던 소비자에게 일차적인 원인을 돌릴 수 있다. 그동안 식품업계는 영리를 위해 더 많은 작물을 생산하고 대규모로 제조음식을 만들었다. 연이어 이러한 대규모의 생산과 제조는 사람들의 건강뿐 아니라 환경에도 좋지 않은 영향을 미친다.

양계와 양돈산업은 구조적으로 더 많은 살모넬라Salmonella와 대장균E-coli과 같은 병원균을 증식시켰다. 식용 작물에 대한 방충제의 사용은 식물에 농약을 잔류시켰을 뿐 아니라 식수를 오염시켰고 농부의 건강까지 위협한다. 제초제는 생태계를 교란시키고 수생식물과 물속에서 사는 양서류나 어류와 같은 생물종을 감소시킨다. 이들에 의존하는 조류가 감소하였음도 물론이다. 딸기를 재배하기 위해 사용되는 살진균제fungicide와 메틸브로마이드methyl bromide(훈증제)는 오존층을 파괴했다. 어떻게 생산되고 재배되는지 모르는 먹을거리는 이렇게 부메랑이 되어 우리에게 돌아오는 것이다. 그럼에도 우리는 이에 대해 무지하고 아무런 대응을 하고 있지 않다. 눈앞에 어떠한 음식이라도 놓여 있기만 하면 다행이라고 생각하고 있는 것은 아닌지 모르겠다.

먹을거리 대신
포장지와 소통하다

우리 할머니들은 먹을거리를 살 때 어떻게 했을까. 호박을 하나 사더라도 파는 사람과 얘기를 했을 것이다. 결국 호박을 놓고 파는 이와 흥정을 했겠지만, 다른 얘기도 하지 않으셨을까? 자주 들르는 상점이었다면 얘기는 더 길어졌을 것이다. 세상 돌아가는 얘기와 손주들 얘기도 빼놓지 않았을 것이다. 파는 이는 부쳐 먹을 것인지 국에 썰어 넣을 것인지를 물어보고 거기 맞는 크기와 품종의 호박을 추천했을 것이다.

우리는 먹을거리를 어떻게 사고 있을까. 호박의 경우라면 간단하다. 상처 입지 않게 잘 싸인 랩 위에 생산지와 생산 날짜, 호박의 무게 그리고 가격이 표시되어 있을 것이다. 우리가 호박에 대한 정보를 더 많이 알고 호박을 사는 것 같지만, 할머니가 호박을 살 때와는 달리 파는 사람과 사는 사람 사이의 대화나 교류는 없다.

우리는 닭을 어떻게 먹었던가. 특별한 날에 좋은 녀석 하나 골라잡는다. 아무거나 잡지 않고, 조놈 하면 조놈을 잡는다. 크기부터 색깔, 암수 골라서 결국 고놈을 잡는다. 그러면 그날은 온갖 종류의 닭요리를 모두 먹는다. 닭의 머리부터 다리까지 모두 다 먹어치운다. 살코기는 말할 것도 없이 똥집에서 내장까지 모두 다 먹는다. 아이들은 비위가 상해 이상한 부위는 손을 대지도 않지만 살코기만은 부리나케 사라진다. 대신 이상한 부위는 동네 아저씨들의 몫이다. 날개만 먹거나 다리 또는 가슴살만 먹기에는 너무나 아까운 것이 닭이고, 살코기만 제공하려고 한 생명이 죽을 수는 없다.

그러나 이제는 닭도 필요한 부위만 골라서 판다. 주부들은 가슴살이면 가슴살, 날개면 날개, 필요한 부분만 구입한다. 스티로폼 그릇에 잘 정렬되어 랩으로 싸여 있는 상품을 구입한다. 어디에서 무엇을 먹여 키운 닭인지도 모르고, 어디에서 어떻게 잡아 어떻게 잘렸는지는 알 필요도 없다. 도리어 그것을 알면 비위만 더 상한다. 인간이 얼마나 잔인하고 비인간적인지 느끼게 되기 때문이다. 우리 가족의 뱃속으로 맛있게 들어가면 그만인 것을 왜 굳이 그런 걱정까지 해야 되는가 말이다. 닭은 맛있고, 특히 야참으로 닭튀김과 닭강정은 맥주 한잔과 함께 최고의 분위기를 만들기에 충분한데 말이다. 그냥 먹고 말자.

그나마 눈으로 볼 수 있는 음식은 다행이다. 어떻게 재배되고 사육되었든 간에 최소한 만질 수 있고 보고 느낄 수 있는 먹을거리는 그나마 골라서 살 수나 있다. 호박이나 닭과는 달리 오감을 전혀 무시하는 음식 판매 방식도 있다. 사실 일부러 무시하도록 강요받는 것이지만. 그것이 바로 제조음식, 공정음식, 또는 만들어진 음식이다. 그리고 이런 판매 방식이 우리 사회의 먹을거리 유통의 주류가 되고 있다.

우리 장바구니를 채우고 있는 것들을 들여다보자. 몇 십 년 전 우리 할머니, 어머니 세대의 장바구니와는 달리, 우리 장바구니에는 날것 그대로의 식재료, 즉 생선 토막, 콩나물 등이 그대로 담겨 있지 않다. 장바구니에 담긴 먹을거리 대부분은 사람의 손으로부터 보호하는 포장을 두르고 있다. 간이포장이든 잘 치장된 포장이든, 포장은 음식과 구매자 간의 소통을 단절시키는 벽이다.

깡통을 비롯하여 비닐봉지, 진공팩, 유리병, 페트병 등 포장의 종류도 다양하다. 먹을거리를 유통시키기 위해 피할 수 없는 것들이며, 어찌 보면 최상의 방법으로 보이기까지 한다. 그러나 포장은 먹을거리가 사람에게 보내는 감각의 통로를 차단한다. 심지어 촉감뿐 아니라 시야도 가린다. 내용물을 보려 해도 보여주지 않는다. 마치 블랙박스와도 같다. 일단 사지 않으면 내용물을 볼 수 없다. 이때 먹을거리와의 유일한 소통 창구는 포장의 외부에 적힌 설명이다. 그 설명만으로 우리는 그 안에 무엇이 들었는지 판별해야 한다. 참으로 우습다. 내가 먹기 위해 사는 것인데 그것을 보여주지 않는다니.

소비자로서는 이미 먹어봐서 내용물을 알고 있는 것이 아니라면 포장에 쓰인 설명을 읽고 정보를 얻어야 한다. 친절하게 사진이나 그림을 통해 보여주기는 하지만, 사진과 그림을 얼마나 믿을 수 있을까. 게다가 내용물에 대한 설명이라는 것이 도무지 이해하기 난감하다. 좋다고만 쓰여 있고, 무엇이 나쁘거나 해로울 수 있는지에 대해서는 밝히지 않는다. 영양정보나 성분표를 보고 알아서 판단해야 한다. 좋은 것은 강조하였으니 나쁜 것은 네가 알아서 판단하라는 말이다. 이런 포장문화가 갈수록 대세로 자리 잡아, 눈을 통해 정보를 읽어야 하고 그 정보를 바탕으로 구매 결정을 해야 한다. 만져볼 수도, 냄새를 맡을 수도, 맛을 볼 수도, 귀로 들어볼 수도 없는 먹을거리의 구매 시대가 천천히 그러나 아주 명확하게 다가왔다.

마트는 정보 교환의 장소가 아니다. 아이들 얘기도, 정치 얘기도, 사업 얘기도 할 수 없게 되어 있다. 하고 싶어도 할 사람이 없다. 다 모르는 사람들이다. 그러다 보니 정보 교환보다 더 심층적인 사람 간의 소통을 기대하는 것 자체가 사치다. 모르는 사람과의 소통은 고사하고 물건을 사고파는 사람들끼리의 소통도 쉽지 않다. 대부분의 소비자는 유니폼을 입은 도우미의 설명조차 외면한다. 그들에게 묻지 않는 이유는 어차피 판매원들도 정보를 제한적으로 가지고 있기 때문이다. 대신 포장지와 상표를 본다. 포장지와 상표가 소비자에게 더욱 구체적인 정보를 제공한다. 소비자들은 판매자는 안 믿어도 상표와 브랜드를 믿는다. 어디서 누가 어떻게 만들고 가져왔는지는 몰라도 되지만, 어떤 브랜드인지는 꼼꼼히 따진다.

왜 이 지경이 되었을까? 그 답을 찾기가 그리 어려워 보이지는 않는다. 우리는 음식이 사람과 자연을 소통시켜준다는 데 가치를 부여하지 않는다. 먹을거리가 산업적으로, 상업적으로 주요한 상품이라는 가치 규정이 앞서 있기 때문이다. 그리고 그런 가치 규정은 농업계와 식품업계 그리고 정부에 의해 이루어졌다. 먹을거리의 위생, 유통, 보관, 판매 그리고 그 위에 영양학적 지식이 '음식은 지식으로 선택해서 먹는 것'으로 규정하고 강요하기 때문이다.

이러한 인식 탓에 우리 식탁의 지배자가 바뀌었다. 얼마 전까지 우리 밥상의 지배자는 어머니였다. 천천히, 지배자는 포장지에 적힌 영양적 지식과 조리법으로 바뀌고 있다. 그나마 아직 아이들의 먹을거리는 분명한 인식을 가진 엄마들이 굳건히 지켜주고 있는 듯하지만, 때론 의도적이든 아니든 이 사회적 흐름을 따라가기도 한다. 아이들의 손에 닿는 음식이 그런 것들이고, 아이들이 좋아하는 것도 그런 것들이다. 그래서 엄마들은 아이들이 포장지에 싸인 미심쩍은 음식에 접근하는 것을 최소화하는 데 전념할 뿐이다.

우리는 이런 음식을 담고 있는 포장지의 문구들에 대해 아무런 저항을 하지 못하고 있다. 어느 누구도 이에 대해 경고를 하고 있지 않으며, 경계의 눈초리는 항상 느슨하다. 대형서점의 건강의학 코너에 진열된 책들을 보자. 큰 글씨로 책 제목을 장식하다 못해 형광색까지 이용해 건강해지기 위해 먹어야 하는 음식들과 먹을거리들을 선전하고 있다. 우리가 꼭 먹어야 하는 음식, 암을 이기는 음식, 어린이 성장에 좋은 음식들, 하나같이 무엇을 어떻게 먹어야 한다고 주장하고 있다. 먹는 것을 권장하다 못해 무엇을 먹으면 안 되는지, 어떻게 먹으면 안 되는지까지 강제하고 있다. 먹는 것을 지식화하는 것이다.

2장

음식과 인간

인간은 왜
음식을 먹는가

　과연 음식이란 무엇이고 인간은 왜 음식을 먹어야 할까? 저마다의 해석이 있겠지만, 생리학자인 나는 음식을 단순하게 정의한다. '음식은 생명 유지를 위한 최소한의 재료이자 에너지원이다.' 끝.

　이 문장에서 주요어는 생명, 재료, 에너지다. 주요어라 한 것은 이 세 단어가 의미하는 내용, 그 의미들의 상호작용, 그리고 더 나아가 이 세 단어가 생태계와 우주를 어떻게 대변하는가를 잘 보여주기 때문이다. 서두가 좀 어려웠나? 이제부터의 설명은 음식이 무엇인지를 아주 단순하게 결론 내릴 수 있게 할 것이다. 최소한 생리학적인 측면에서는 말이다.

지구상에 생명체가 등장한 이후로 모든 생명체는 되도록 오랫동안 생명을 유지하기를 추구했다. 불행하게도 생명을 영원히 유지하기는 불가능했으며, 대신 모든 생명체는 복제의 능력을 가지게 되었다. 영원한 생명에서 연속적인 생명으로 작전을 전환한 것이다. 이유야 어떻든 간에 생명들은 자신이 살기 위해 그리고 복제를 위해 지속적으로 자신의 몸을 성장시키고 유지·관리해야 했다. 산다는 것, 살아남는다는 것은 고달픈 과정이며 많은 것을 필요로 했다. 특히 자신의 몸을 계속 구성하기 위해 많은 물질이 필요했는데, 그 물질과 재료들은 생명체 자신의 외부로부터 얻어야 했다.

생명의 최소단위, 세포를 가지고 설명해보자. 세포는 다양한 물질로 이루어지는데, 그 물질들은 생명력 유지를 위해 사용되기도 하고 버려지기도 하며 때로는 대체되기도 한다. 세포가 여러 물질을 사용하지 않거나, 버리지 않거나, 바꾸지 않는다면, 생명은 유지될 수 없는 것이다. 세포는 자신이 살아가는 데 필요한 모든 물질을 자신의 외부로부터 얻으며, 얻은 물질들을 자신에게 필요한 용도로 탈바꿈시킬 수 있는 능력을 갖고 있다. 이 모든 과정은 세포가 자신을 구성하는 물질들, 즉 재료를 자신과 외부 사이에서 교환함으로써 가능하다.

그러나 세포가 살아가는 데 필요한 모든 물질이 세포 주위에 항상 존재하는 것은 아니다. 그래서 세포는 자신에게 필요한 재료를 얻기 위해 부단히 움직이고 이동해야 한다. 움직이지 않으면 필요한 물질을 얻을 수 없으며, 필요한 물질을 얻지 못한다는 것은 곧 죽음을 의미한다. 재료를 얻기 위해 움직이려면 그 움직임이 가능하도록 세포가 작동해야 하며, 그 작동이 일어나려면 에너지가 필요하다. 생명은 재료가 필요하고, 재료는 에너지를 이용한 움직임을 통해 얻을 수 있는 것이다. 결국 음식이란 한 생명체가 살아가기 위한 재료와 에너지를 얻는 대상이자 목표물인 것이다.

세포 얘기를 했으니 사람 얘기로 넘어가자. 사람이라는 한 묶음의 세포군집은 세포 하나와 다를 바가 없다. 사회학적으로 보자면 개인은 하나의 개체일 수 있겠지만, 생물학적으로는 그 몸에 있는 약 8조에서 10조 개의 세포가 한데 뭉쳐 공생하는 커다란 덩어리인 것이다. 여하튼 사람도 하나의 세포와 마찬가지로, 아니 하나하나의 세포들을 위해 재료가 필요하고, 그 재료를 얻기 위해서는 에너지를 활용해 움직일 수밖에 없다. 그래서 인간의 몸은 재료를 얻고 에너지를 사용하는 데 필요한 모든 기능을 갖추고 있다.

예를 들어보자. 우리는 왜 뼈와 근육을 가지고 있을까. 단순하게 말하자면 살기 위해서다. 인간이 손과 발을 이용해 움직이지 못한다면 이동할 수가 없고, 이동을 하지 못하면 먹을거리를 얻지 못하고, 먹을 것이 없으면 세포가 살아가는 데 필요한 재료를 얻지 못한다. 결국 뼈와 근육이 없다면 인간은 죽는다.

또 다른 예를 들어보자. 인간은 왜 심장과 허파를 가지고 있을까. 이 또한 살기 위함이다. 심장과 허파가 없으면 세포에 산소를 공급하지 못한다. 세포에게 필수불가결한 물질 중의 하나가 바로 산소이기 때문이다. 인간은 왜 뜨거움과 아픔을 느낄까. 생명을 유지하기 위해서다. 아픔과 뜨거움을 느끼지 못하게 되면 그 부위의 세포는 빠른 시간 안에 죽게 된다. 그래서 통증과 감각은 세포의 삶을 즉각적으로 결정하는 주요한 기능으로 간주된다. 거두절미하고, 인간이 가진 모든 기능은 세포 하나하나가 살아가기 위해 필요한 것들이다.

사람이라는 하나의 몸체는 수많은 세포가 공동체를 이루어 살아가고 있으며, 각각의 세포들은 상호 유기적으로 역할을 분담한다. 호흡·순환계는 산소의 공급을, 피부는 외부 병원체로부터의 방어를, 소화계는 먹은 음식의 소화·흡수를, 근골격계는 몸의 형태 유지와 이동을 담당한다. 이처럼 우리 몸의 모든 기관과 기능은 궁극적으로 하나하나의 세포들이 살아가기 위한 거대한 시스템인 것이다. 그리고 그 모든 것의 목표이자 수단은 바로 음식이다. 왜? 살아가기 위해 필요한 모든 재료와 에너지는 음식으로부터 얻기 때문이다.

음식이라는 재료,
인간이라는 기계

　이제 음식이 인간에게 어떤 작용을 하는지 세밀하게 들여다 보기로 하자. 일단 인간이 먹을 수 있는 음식으로 한정하고 말이다. 인간에게 필요한 영양소는 세 가지로, 탄수화물, 지방, 단백질이다. 끝.

　이들 세 가지 영양소를 뭉뚱그려 3대 영양소라 하며, 세 영양소 중 최소한 한 가지는 인간이 먹는 모든 음식에 포함되어 있다. 만약에 이 세 영양소가 모두 빠진 음식이 있다면 이는 음식으로서 가치가 없는 것이다. 왜냐하면 이미 정의 내린 것과 같이 음식은 생명을 유지하기 위한 재료이자 에너지의 원천이어야 하기 때문이다. 사실 우리가 자연에서 얻을 수 있는 모든 먹을거리는 양의 차이는 있을지언정 세 영양소를 모두 포함하고 있다. 돌아가서, 탄수화물과 지방, 단백질은 우리 몸의 재료이자 에너지원이다.

음식이 재료인 이유는 인간이 먹은 음식이 곧바로 인간을 만들기 때문이다. 쉽게 말해, 인간이 먹은 음식에 포함된 물질은 세포를 구성하는 물질로 사용되고, 세포가 살아가는 데 필요한 요소를 공급한다. 단백질은 아미노산이 뭉친 덩어리다. 아미노산은 우리 몸을 구성하는 물질로 사용된다. 단백질이 없으면 우리 몸의 조직들은 존재하지 못한다. 우리 눈에 보이는 신체의 거의 모든 부분이 단백질이라고 해도 과언이 아니다. 건물로 얘기하자면 벽돌이나 시멘트와 같은 존재다. 지방은 몸속에서 다양한 기능을 수행하는데, 특히 호르몬과 세포벽의 구성요소다. 지방의 또 다른 중요한 임무는 에너지를 저장하는 용도로 쓰인다는 것이다. 몸이 만약을 위해 에너지를 비축하는 형태가 지방인 것이다. 그래서 부피에 비해 가벼우면서도 그 열량은 상당히 높다. 반면 탄수화물의 주된 임무는 에너지를 공급하는 것이다. 탄수화물은 당이라고도 불리는데, 당은 뇌와 주요 장기에 즉각적으로 필요한 에너지를 공급한다. 탄수화물과 지방, 단백질은 필요에 의해 사용되고 저장된다.

음식이 몸을 구성하고 에너지를 저장하고 공급하는 재료로 쓰이지만, 그 속내를 들여다보면 화학물질의 덩어리에 불과하다. 생리학적으로 보면 쌀과 보리는 그리 다를 바가 없다. 심지어 깻잎도 다를 바가 없다. 고추 역시 인간의 몸에서는 쌀이나 보리, 깻잎과 비교해 별반 다르지 않다. 왜 그럴까?

탄수화물과 지방, 단백질을 화학적으로 조금 더 분석해보면 그 답이 나온다. 탄수화물은 탄소, 수소, 산소 세 요소로 이루어진다. 지방도 탄소, 수소, 산소로 이루어진다. 단백질은 탄소, 수소, 산소 그리고 질소로 이루어진다. 탄소, 수소, 산소가 서로 다른 개수와 모양으로 연결된 것이 바로 탄수화물이고 지방이다. 그러니 화학적 구성으로 보면, 탄수화물과 지방은 최소한 사촌이다. 쌀과 돼지기름은 화학적으로 보자면 별다를 게 없는 것이다. 대표적 당인 글루코스glucose의 분자 구조는 $C_6H_{12}O_6$이다. 대표적인 지방산인 팔미트산palmitic acid의 분자 구조는 $C_{16}H_{32}O_2$이다. 이 구조식에서 보듯이 탄수화물과 지방은 단지 탄소와 수소와 산소의 숫자만 제각각 다를 뿐이다. 그래서 우리 몸은 이들을 그다지 다른 것으로 여기지 않는다.

우리 몸이 쌀과 돼지기름을 같은 것으로 여기는 이유가 또 있다. 바로 쌀과 돼지기름에 들어간 탄소, 수소, 산소가 서로 연결된 구조 때문이다. 바로 에너지라는 것이다. 글루코스와 팔미트산의 화학적 구성은 숫자만 다르다. 대신 구성요소인 탄소와 수소와 산소는 서로 붙어 있다. 붙어 있다는 표현은 이들이 서로 결합되어 꼼짝 못하게 고정되어 있다는 것이다. 만약 탄소나 수소나 산소가 하나라도 빠지거나 이탈하면 더 이상 글루코스나 팔미트산이 아니게 된다. 그래서 글루코스나 팔미트산의 구성요소들은 서로를 탄탄하게 잡고 있다. '잡고 있다' 또는 '결합되어 있다'고 표현했는데 이렇게 잡고 있는 힘, 이것이 바로 에너지다. 분자를 이루는 접착제라 할 수 있는 것이 바로 에너지인 것이다. 우리가 탄수화물과 지방과 단백질을 에너지원이라고 하는 이유가 바로 여기에 있다. 음식의 탄소와 수소와 산소가 서로를 잡고 있는 힘, 즉 에너지를 우리 인간은 빼앗아 쓴다. 근육이 수축하고 몸이 움직이고 동작이 발생할 수 있는 이유는 우리 인간이 음식으로부터 에너지를 빼앗아 쓸 수 있기 때문이다.

간단히 정리하면, 음식은 에너지를 가지고 있다. 인간은 음식의 에너지를 빼앗아 자신의 근육을 움직이는 데 사용한다. 즉 인간은 탄수화물과 지방과 단백질이 가진 에너지를 이용해 근육을 움직일 수 있다. 글루코스의 경우, 그 구성요소인 탄소와 수소와 산소는 그 연결의 힘을 모두 인간에게 바치고 몸을 떠난다. 처음에는 밥으로 인간의 몸에 들어왔던 글루코스가 모든 에너지를 바치고는 이산화탄소와 물이 되어 홀연히 인간의 몸을 떠나는 것이다. 이는 깻잎도 마찬가지고, 돼지고기도 마찬가지고, 콩도 마찬가지다. 이런 먹을거리들이 우리 몸에 들어오면, 인간은 그것들이 가지고 있는 에너지를 몽땅 뽑아 쓰고 나서 찌꺼기는 몸 밖으로 버린다. 호흡과 오줌을 통해서 말이다. 한마디로 말해, 인간의 몸은 음식이라는 화학에너지를 열과 운동이라는 다른 에너지 형태로 전환시킬 수 있는 정교한 기계인 것이다.

　동시에 인간의 몸은 대단히 특이한 기계다. 인간은 탄수화물과 지방, 단백질 외에는 다른 어떤 것도 에너지원으로 활용할수 없다. 예를 들어 인간은 섬유질fiber을 거의 분해하지 못한다.그래서 섬유질은 인간에게 음식이 아니다. 에너지원으로 사용할 수 없기 때문이다. 반면 섬유질을 아주 잘 소화할 수 있는동물이 있다. 바로 초식동물들이다. 소와 양 같은 초식동물은풀만 먹고도 다량의, 믿어지지 않을 만큼 많은 양의 우유를 생산한다. 우유의 대부분이 지방과 단백질임을 감안하면 젖소는대단한 우유 생산 기계인 셈이다. 젖소는 탄수화물과 섬유질을분해하여 우유를 생산하는 능력을 가진 특화된 기계다.

　이쯤 되면 인간이라는 기계와 음식이라는 재료에 대해 대략적으로 정리할 수 있다. 인간은 탄수화물, 지방, 단백질이 가진구성요소와 에너지를 분해해서 빼앗아 쓰고 나머지를 몸 밖으로 버리는 기계다. 또한 음식은 인간이 탄수화물과 지방과 단백질을 공급받는 재료다.

음식과
영양

그렇다면, 인간이 음식을 먹는 까닭이 탄수화물, 단백질, 지방만을 섭취하기 위해서일까? 그렇다면 인간이 분해할 수 없는 섬유질을 다량 가지고 있는 채소는 무엇 때문에 먹는 걸까? 채소에 많이 포함된 비타민과 미네랄은 인간의 에너지원으로 활용될 수 없다. 비타민과 미네랄도 일정량의 에너지를 가지고 있지만, 인간은 이 두 물질을 분해할 수 있는 능력이 없다. 분해할 능력이 없다는 것은 이들이 가진 에너지를 빼앗을 수 있는 능력이 없다는 말이다. 그러면 채소와 과일 등을 먹는 이유는 단지 맛을 위해서일까? 그렇지는 않다. 인간은 중요한 에너지원으로 사용될 수 있는 3대 영양소 외에도 필수지방산과 필수아미노산들이 필요하며, 섬유질과 식물성 화학물질도 섭취해야 한다. 이 모든 영양소는 인간에게 꼭 필요한 것들이며, 약 30여 종에 이른다.

3대 영양소 외에 또 다른 물질들이 필요한 이유는 우리 몸속에서 일어나는 모든 대사 과정에서 이 물질들이 필수적이기 때문이다. 여기서 대사 과정이란 3대 영양소가 분해되고 조립되는 모든 진행 과정을 말하는데, 예컨대 탄수화물과 지방이 분해되는 과정이나, 아미노산들이 모여 단백질을 만드는 과정을 일컫는다. 신경세포가 제대로 작동하는 데도 이런 물질들이 필요하며 우리 몸속의 여러 종류의 세포에서도 대사 과정을 원활하게 진행되도록 하는 역할을 담당한다. 다시 말해, 우리 몸의 필요에 따라 적재적소에서 정량으로 3대 영양소가 분해되고 조립되는데, 비타민과 미네랄은 그 과정을 돕는 것이다. 그러니 우리 몸속에서 비타민과 미네랄이 깨져버리면 우리 몸이 정작 필요로 하는 영양소 섭취 목적을 달성하기 어려워지게 된다. 인간이 이 물질들을 깨부술 수 있는 능력을 가지고 있지 않은 이유가 여기 있으며, 왜 이 물질들이 필요한지의 이유도 여기 있다. 그래서 음식에는 3대 영양소 외에도 더 많은 물질이 포함되어 있고 우리는 그것들을 갈구하는 것이다.

앞에서 3대 영양소 혹은 모든 영양소라는 말을 했다. 그렇다면 영양은 무엇일까? 또 음식과 영양은 어떤 관계일까? 사람마다 학자마다 이 용어들에 대해 서로 다르게 규정하겠지만 음식을 '먹는 것과 먹을거리 그리고 조리 과정을 거쳐서 먹는 모든 것'으로 규정할 수 있을 것이다. 그리고 영양이란 생물의 생명유지에 필요한 양분으로 볼 수 있을 것이다. 그런 면에서 영양학은 음식을 이해하는 데 아주 중요한 도구다. 그리고 음식에 대한 사람들의 이해가 더욱 구체적이기 위해 영양정보는 절대적으로 필요하다. 음식을 위해 영양학이 필요한 것이다.

영양소들은 우리 몸의 구석구석에서 다양한 역할과 기능을 수행한다. 단백질처럼 몸을 이루는 구조물로 사용되기도 하고, 탄수화물과 지방처럼 에너지를 공급하는 재료로 사용되기도 한다. 어떤 영양소는 다른 영양소의 분해와 조립이 적정하게 이루어지게 하는 역할을 담당하기도 한다. 특정 영양소가 결핍되거나 모자라면 우리 인체의 기능은 상당한 타격을 받으며, 반대로 너무 많아도 문제를 일으키는 경우가 있다. 그러나 적정한 음식 습관을 가지고 있다면, 인간이 영양결핍을 보이는 경우는 매우 드물다. 거꾸로 더 먹는다고 그만큼 건강이 좋아지는 것도 아니다. 과다 섭취가 문제가 되는 경우도 많다.

그러니 인간에게 영양소란 세포가 생명을 유지하기 위해 꼭 필요한 것들이고, 그 영양소를 공급하기 위해서 인간은 음식을 먹어야 하는 것이다. 대부분의 음식은 상당히 다양한 종류의 영양소를 가지고 있으며, 그래서 다양한 음식을 먹을수록 인간은 더 많은 영양소를 섭취할 수 있는 기회를 얻는다. 인간에게 탄수화물과 지방과 단백질은 매일 먹어야 하는 매우 중요한 영양소인 반면에, 여타 영양소들은 소량만 섭취해도 문제될 것이 없다. 그리고 이미 대부분의 음식에는 미량의 영양소들이 충분히 포함되어 있다. 예를 들어보자. 호랑이는 사슴을 잡아먹을지언정 사슴고기를 소금에 찍어 먹지 않는다. 왜일까? 사슴고기에는 충분한 양의 소금이 이미 포함되어 있기 때문이다. 사슴고기는 호랑이에게 필요한 모든 영양소를 이미 충분히 포함하고 있다. 인간은 잡식성 동물이다. 영양소를 식물과 동물 모두에서 얻을 수 있다. 다양한 연료를 뗄 수 있는 난로인 셈이다. 인간이 지구에서 성공할 수 있었던 이유를 학자들은 여기서 찾기도 한다.

대부분의 경우, 인간은 영양의 과다와 결핍의 상태를 대략적으로 모니터링할 수 있는 기능을 가지고 있다. 예를 들어, 임신부가 한밤중에 갑자기 매운 것을 먹고 싶어한다거나 단것을 먹고 싶어하는 것이 바로 그런 신호다. 오늘은 매콤한 것을 먹고 싶다거나 기름진 것을 먹고 싶다는 동요도 일정 부분 생물학적인 요구에 의한 것이다. 배고플 때는 먹고자 하는 의지가 발동하고 배부를 때는 먹을 수 있는 위장 내의 공간적인 여유가 제한되기도 한다. 그리고 이 과정을 통해 충분한 3대 영양소가 우리 몸속에 들어오고 덩달아 크고 작은 영양소들이 따라 들어오게 된다. 그래서 자연에서 생산된 음식들은 모두 3대 영양소를 충분하게 포함하고 있을 뿐 아니라 인간에게 필요한 자잘한 영양소까지 모두 만족시키기에 충분하다. 굳이 영양소를 따로 계산하지 않고도 우리는 보통의 식단에서 충분한 양의 영양소를 모두 섭취할 수 있는 것이다.

인간이라는 기계가 대단한 이유는 그러한 섭취와 중단을 조절할 수 있으면서도, 추가적으로 그렇게 먹은 양을 또다시 적절하게 활용한다는 것이다. 한마디로 말해, 먹은 음식이 모두 소화되고 흡수된다 한들 그 모든 영양소가 다 활용되지는 않는다는 말이다. 예를 들어 과다하게 섭취된 음식물이 있다면 우리는 다음번 식사시간에 조금 덜 먹거나 먹는 시간을 늦추게 된다. 섭취하는 영양소의 양을 조절하는 것이다. 인간은 필요한 양만큼을 충분하게 사용하고 여분의 영양소는 저장하거나 버리기도 한다. 이를 잘 보여주는 예가 바로 동물의 변이다. 쇠똥이나 말똥을 채집해서 말리면 좋은 연료로 활용할 수 있는 이유가 바로 여기에 있다. 소나 말은 먹은 풀을 모두 소화하지 않고 적지 않은 부분을 다시 배설하기 때문에 변에 남아 있는 열량이 불을 지피기에 충분한 것이다. 물론 인간의 변도 이러한 원리에 입각한다면 말려서 태울 수 있다. 연소한다는 것은 열량, 즉 에너지가 잔존한다는 의미다. 먹은 것이 모두 몸 안에서 사용되거나 저장되는 것이 아니라는 말이다.

안타까운 것은, 음식이 가진 다양한 영양소를 무시한 채 영양소를 약처럼 취사선택해 섭취하려는 식단이나 음식에 대한 정보가 난무한다는 것이다. 인간이 지난 수십만 년간 먹어오던 것을 버리고, 겨우 100년 남짓 동안 쌓은 영양학 지식을 근거로 새로운 먹을거리를 찾는 것이 합리적일까? 인간이 알고 있다는 영양학이나 음식에 대한 지식은 아직도 걸음마 수준이다. 우리는 다양한 영양소의 기능과 역할에 대해 모르는 것이 아직도 너무 많다. 그러니 영양이 곧 음식이라는 통념이 만연해 있는 것은 참으로 경계할 일이다. 인간은 이미 자신의 영양 상태와 음식 섭취에 대한 대략적인 조절력을 가지고 있다는 사실을 명심해야 한다.

3장

현대 음식의 탄생

짝퉁음식의
적반하장

언제부터인지 '음식飮食'이라 불리는 먹을거리의 종류가 다양해졌다. 소리 소문 없이 천천히 많아졌다. 음식이란 한자어를 통해 보면 '마시고 먹는 것'이다. 그렇다면 음식은 먹고 마실 수 있는 모든 것을 포함해야 한다. 그러니 먹고 마실 수 있는 모든 것은 음식이 될 수 있다.

음식의 종류가 많아진 것이 결코 나쁜 일은 아니다. 먹을 것이 더 많아졌으니 오히려 좋아해야 할 일이다. 그런데 음식 종류가 새롭게 확장되는 데 기여한 것들의 출신성분이 좀 수상하다. 인간의 역사에서 오랜 기간 먹고 마실 수 있는 것으로 알려진 음식은, 자연에서 생산되어 자연적인 형태를 유지하는 먹을거리였다. 물론 인간의 손을 거쳐 모양과 색깔이 변형되기도 하고 심지어 이것저것이 섞여 다른 형태의 음식으로 다양하게 가공되기도 했다. 그러나 기본적으로 음식이 가지고 있었던 고유한 성질을 변경한 경우는 없었으며, 있었다 해도 이는 자연이 순산한 것들이었다.

그런데 언제부터인지 내용상으로 절대 자연에서 존재할 수 없는 음식들이 등장하기 시작했다. 그리고 원래 우리가 알고 있던 음식들과 같은 자리에 살짝 엉덩이를 걸치고 앉더니 이제는 아예 기존의 음식들을 밀치고 그 자리를 차지하고 말았다. 객이 안방에 앉아 주인 행세를 하는 꼴이 된 것이다.

새롭게 등장한 이 음식들은 거의 모두 일정한 특징을 가지고 있다. '공장'에서 '계획'적으로 '대량'으로 '제조'된다는 것이다. 인간이 알고 먹어왔던 음식들이 잠시 한눈을 파는 동안 이 짝퉁들이 안방의 아랫목을 빼앗아 앉더니, 급기야 자기가 진짜 음식이라고 우기고 있다. 더 큰 문제는 이 짝퉁음식들이 원래의 음식들은 음식의 자격과 가치가 없다고 손가락질하며 아예 방에서 나가라고 한다는 것이다. 원래 음식으로 불리던 먹을거리의 입장에서 보자면 기절초풍할 노릇이다.

안방의 아랫목을 차지한 이 짝퉁음식들은 한결같이 공통적인 주장을 펴기 시작한다. 자신들과 같이 공장에서 제조된 음식들이 원조 음식들에 비해 '건강에 좋다'는 것이다. 때로는 원조 음식은 물론 다른 제조음식들보다 자신이 더 좋다고도 주장한다.

그 이유로 내세우는 근거가, 나쁜 것은 모조리 빼고 좋은 것만 많이 넣었기 때문이란다. 심지어 인간의 병도 예방하고 건강도 증진시켜준단다. 자기들끼리 등급까지 나눈다.

그런 짝퉁음식들의 논리가 어떻게 이렇게 빠른 시간 안에 우리 사회에 만연하게 되었을까? 알고 보면 그 주장을 도와주는 배경이 존재하기 때문이다. 그 배경이란 음식 소비자들의 무관심과 무지, 그리고 이를 조장하는 식품업체들의 집요한 선전과 홍보, 여기에 추가적으로 다방면에서의 투자와 전략이다. 우리 주위를 둘러보자. 대형마트는 말할 필요도 없고, 이제는 동네 작은 구멍가게에서도 진열대의 거의 대부분은 공장에서 찍혀 나오는 포장된 가공음식이나 제조음식들이다. 가공되지 않은 농수축산물은 이제 한쪽 구석에서 그 고유의 향을 조용히 퍼뜨리고 있을 뿐이다. 하루가 멀다 하고 더 많은 종류의 제조음식과 가공음식들이 선을 보이며 더 빠르게 진열장의 영토를 확장하고 있다. 현대의 유통 구조는 가공·제조음식들이 진열대를 장악하고 있도록 돕는다. 더 많은 원재료로, 더 오래 보관되도록 만들어져, 더 멀리까지, 더 많이 이동시켜 팔 수 있는 사회 구조가 이를 가능하게 하였다. 아니 진열대는 어차피 그들만을 위해 만들어진 것이다.

이것도 모자라 제조음식들은 우리에게 더 많은 얘기를 하고 싶어 안달이 났다. 돌아보건대 최근에 등장한 짝퉁음식들의 포장지에는 점점 더 많은 문구와 설명들이 즐비하게 나열되어 있다. 그 설명의 양도 적지 않을뿐더러 설명 자체가 더욱 복잡해지고 있는데, 그런 설명의 목표는 '그래서 이 음식이 더 좋다'는 메시지를 강하게 부각하는 것이다. 결국 포장지에 적힌 많은 글자의 궁극적인 메시지는 자기를 사라는 애원인 것이다. 도대체 이런 짝퉁음식은 언제, 어떻게 등장하게 된 것일까?

산업도시의 확장과
멀어진 자연

    역사를 통해 인간은 먹을 것을 확보하기 위해 부단히 투쟁해
왔다. 인간의 역사를 해석하는 한 방법으로 먹거리를 향한 투
쟁을 들 수도 있을 것이다. 먹거리를 향한 인간의 투쟁은 자연
을 맞상대로 진행되어왔다. 동시에 음식이 생산되는 자연을 향
한 경외감과 신성감도 인간은 잊지 않았다. 자연을 위배하고
는 먹거리를 얻을 수 없음을 잘 알았다. 그러나 지금부터 약
100여 년 전부터 인간은 자신에게 먹을거리를 제공해주는 자
연으로부터 점차 멀어지기 시작했다. 자연과 멀어지면서 먹을
거리의 귀중함도 어느새 잊었다.

    인간이 자연과 멀어지게 된 동기는 다양한 원인에 의한다. 그

중 가장 큰 이유는 아마도 인간 밀집 형태의 주거환경으로 대표되는, 도시의 발달과 산업화에 기인했을 것이다. 추가적으로, 산업화와 함께 발전한 과학 지식과 기술은 인간의 먹을거리에 대한 인식과 양상을 변화시킨다. 많은 도시민을 대상으로 공급하는 먹을거리는 위생과 대량 생산을 필요로 했으며, 이때 공장에서 만들어지는 정체불명의 제조음식이 등장하게 된다. 결과적으로 인간 사회는 갈수록 음식의 출처에 무관심해지고 음식을 원천적으로 만들어주는 자연과 단절되기 시작한다.

도시는 사람이 밀집해 살아가는 공간이다. 도시는 그 도시 안에 사는 사람들이 필요로 하거나 원하는 것들이 원활히 공급되고 수행될 수 있도록 기능해야 유지될 수 있다. 이 기능 중에 으뜸으로 꼽히는 것이 바로 인간으로 살아가면서 가장 기본적으로 추구하는 의식주의 해결이다. 만약 이 의식주가 해결되지 못하거나 충족되지 못하면 도시는 유지되기 힘들 뿐 아니라 형성조차 될 수 없다. 반대로 이러한 기능을 충분히 수용하고 유지할 수 있다면 도시는 안정적으로 확장할 수 있는 조건을 갖추게 된다.

도시의 발달과 확장은 먹을거리문화도 바꾸었다. 지금으로부터 약 100여 년 전부터 본격적으로 나타나기 시작한 산업화부터 말이다. 산업화는 사람들이 도시로 유입될 수 있는 단초를 제공했다. 산업화는 도시의 고용기회를 넓혔으며 사람들은 여기에 자극되었다. 물론 이 과정에서 먹을거리도 도시의 확장에 비례하여 적정하게 유통되어 도시 안으로 유입되어야 했다. 그리고 도시가 커지면 커질수록 도시와 농촌 간의 거리는 점점 멀어졌다.

도시와 농촌이 멀어짐에 따라 도시민의 먹을거리를 공급하는 새로운 방법이 필요해졌다. 그래서 사람들은 도시 내에 농촌과 연결하는 시장을 형성하게 된다. 이로써 도시가 확장되는 초기 단계에서 도시와 농촌의 연결고리는 유지될 수 있었다. 그리고 사람들은 이 연결고리를 통해 자신이 먹는 음식에 대한 정보를 얻을 수 있었다. 비록 자신이 직접 생산하지 않더라도, 생산자와의 소통을 통해 먹을거리에 대해 안심할 수 있었던 것이다. 동시에 농촌과 가까운 도시 또는 도시의 외곽에 거주하는 사람들은 필요한 먹을거리를 직접 경작하기도 했다.

산업화된 도시는 그 구조와 기능뿐 아니라 사람들의 일터도 바꾸게 되었다. 즉 농부에서 공장 노동자로 바뀌게 된 것이다. 이전까지만 해도 농부의 위치에서 자신의 먹을거리를 충당하고 그러고 나서 남는 농산물을 팔던 사람들이, 이제는 먹을거리를 구입해야 하는 소비자로 바뀌었다. 농사를 짓던 할아버지와는 달리 아버지는 공장에서 근무하게 되었으며, 자신이 먹는 음식이 자라나는 과정을 세세하게 관찰하는 것은 더 이상 불가능하게 되었다. 이제 누가 재배하였는지도 모르는 다양한 출처에서 생산된 무작위 음식을 먹게 된 것이다. 그러나 이때까지만 해도 아직까지 음식과 사람 간의 소통이 완전하게 단절되지는 않았다. 아직 사람이 보고 만지고 냄새 맡으며 식재료를 고르고 음식을 만들어 먹는 문화였기 때문이었다.

도시의 시장은 규칙적으로 생산자와 소비자를 만나게 해주었고, 이 유통의 과정에서 한동안 음식과 사람은 소통을 유지할 수 있었다. 그러나 먹을거리와의 소통을 보장하는 시장문화는 오래 지탱되지 않았다. 그러기에는 도시가 지나치게 팽창한 것이다. 도시는 더 많은 사람을 불러들였고, 정착인구에 더해 유동인구도 크게 늘어나게 되었다. 시장의 유통문화는 다시 바뀌었다. 사람은 많아지고 그들의 요구사항도 더욱 다양해졌기 때문이다. 도시의 지속적인 팽창과 발달은 시장의 규모와 복잡성을 키웠으며, 그럴수록 무작위 먹을거리의 공급은 더욱 확대되었다. 사람들의 음식에 대한 정보 탐색은 점차적으로 힘들어지게 되었다.

그러나 실제로 먹을거리문화를 결정적으로 바꾼 계기는 유통 혁신이다. 산업화와 함께 등장한 기차와 자동차의 발달과 실용화는 그 유통 혁신에 혁혁한 공헌을 했다. 하지만 유통 혁신의 일등공신은 바로 음식저장 기술과 함께 식품제조 기술의 발달이었다. 교통과 식품 저장·제조 기술의 발달은 음식 유통의 공간적, 시간적 거리를 더욱 멀리, 길게 연장시켰으며, 결과적으로 사람들은 더 다양한 무작위 음식을 제공받게 되었다. 어디서 재배된 것이든 지역 농산물이 아니라도 충분히 접할 수 있게 되었다. 식품제조 기술의 발달은 공장형 제조음식의 대량 생산을 가능하게 했다. 바야흐로 음식에 대한 새로운 개념이 서서히 등장하게 된 것이다.

사실 유통의 공간적·시간적 연장이 인간의 문명에서 새로운 것은 전혀 아니다. 고대 역사에서도 이미 음식은 장거리를 이동하여 교역되었다. 신선한 음식을 장시간 이동하는 것은 불가능하였을지라도 최소한 저장 형태를 유지하여 장거리를 이동하는 동안 음식의 부패를 방지할 수 있었다. 그래서 저장 기술은 중요했다. 잘못된 저장 기술과 저장 당시의 실수는 음식을 썩게 했을 것이다. 그나마 껍질이 두꺼운 감귤류의 과일이라도 (그래서 배를 타는 사람들은 오랜 항해를 떠나기 전에 괴혈병scurvy을 줄이기 위해 꼭 가져가는 음식이기도 하지만) 차갑게 보관하지 않으면 금방 곰팡이가 슨다. 이를 옛사람들이 몰랐을 리 없다. 음식을 오랫동안 저장하는 가장 간단한 방법은 소금이나 설탕에 절이거나 건조시키는 것이었다. 박테리아는 소금이나 설탕이 고농도로 존재하거는 곳에서 살지 못하며, 습기가 없는 곳은 이들에게 치명적이었다. 생선을 소금에 절이거나 과일을 설탕에 조려 잼과 젤리를 만드는 것이 대표적이며 과일을 건조시켜 보관하는 것도 일반적인 방법이었다.[9]

그러나 산업화 시대의 음식 저장과 이동은 이런 고전적 방법의 범주를 벗어나는 획기적인 것이었다. 이전의 저장 방법이 자연의 순리에 따른 것이었다면, 새로운 저장 방법은 인간이 이전에 알지 못하던 방법이었다. 새로운 방법은 화학적 기술을 바탕으로 하였는데, 많은 사람들은 이 새로운 방식이 어떤 원리에 의해 가능한지 알지 못했고, 알지 못하는 방법으로 만들어진 음식을 믿지 않았다. 특히 공장에서 만들어진 저장음식은 쉽게 받아들여지지 않았다. 이 거부감은 크게 두 가지 이유 때문이었다. 누가 만든 음식인지 모르는 상태에서 어떻게 믿으라는 것이며, 또한 어떻게 사전 조리가 되었는지 모르는 음식을 누가 먹겠느냐는 것이었다. 그러나 공장형 저장음식에 대한 거부감은 서서히 누그러지게 된다. 지속적인 기술의 발달과 저장방식의 안전성은 소비자의 인식을 점차적으로 바꾸게 되었다.

여기에 냉장 기술의 발달은 식품업계에 또 다른 장점을 선사하였다. 냉장 기술의 발달은 채소와 과일을 생산지에서 수확하는 순간부터 소비자의 장바구니에 담길 때까지 모든 것을 책임진다. 음식의 생산지도, 식물의 제철도 따질 이유가 없어진 것이다. 뿐만 아니었다. 이러한 기술적인 혁신의 변화보다 주부들을 더욱 무감각하게 만든 것은 다름 아닌 언론과 매체 그리고 교육이었다. 따라서 고학력·고소득 중산층이 자신들의 구매 방식과 음식조리 방법 그리고 음식문화를 바꾸는 데 결정적인 역할을 수행한다. 그러는 동안 자연에서 얻어지는 음식에 대한 개념은 점차 멀어지게 되었다.

이렇게 만들어진 제조음식의 조상이 바로 깡통음식과 마가린이다. 깡통음식은 음식의 신선도를 최대한 유지하면서, 산업화된 도시환경에 가장 적합하게 생산, 저장, 유통될 수 있도록 발

달된 현대인의 최고 작품이다. 깡통음식의 전파는 자연에 존재
하는 음식을 새로운 방식으로 재가공하여 음식에 대한 사람들
의 인식을 바꾸는 데 결정적인 역할을 하였다.

마가린은 자연에 존재하지 않는 음식의 대표적인 모델이다.
마가린의 발명과 발전은, 자연에는 존재하지 않는 것이라도 인
간이 원한다면 언제든지 새로운 음식을 제조할 수 있다는 발상
을 던져주었다. 마가린은 깡통음식과 더불어 현대인의 음식에
대한 인식과 태도를 바꾼 양대 산맥으로 설명할 수 있다. 즉 자
신의 음식 선택이 자연과 격리된 상태에서 이루어지고, 출처가
불분명한 음식을 재가공해서 먹을 수 있다는 인식, 그리고 자
연과는 무관하게 언제든지 새롭게 제조된 음식을 먹을 수 있다
는 인식을 고취시킨 것이다.

깡통음식의
등장

감히 말하건대 현대인의 가장 상징적인 음식문화는 '깡통음식can food'이 아닐까. 이제는 공장에서 공정을 통해 만들어지는 저장음식의 종류가 다양하지만, 역사로나 개념으로나 깡통음식은 단연 현대인이 가장 거부감 없이 먹는 음식 형태의 하나다. 깡통음식이 우리 음식문화에 얼마나 많은 영향을 미쳤는지를 알아보는 것은 아주 간단하다. 깡통음식 없이 식단을 꾸려가보면, 단 며칠 만에 깡통음식이 우리 생활 속에 얼마나 깊숙이 파고들어와 있는지 알게 된다. 사라지는 순간 식생활에 많은 혼동을 불러올 깡통음식은, 그러나 음식문화에서 주류를 형성한 지 그리 오래되지 않았다.

내가 기억하는 깡통음식은 30여 년 전으로 거슬러 올라간다. 나에게 가장 인상적인 깡통음식은 단연 미군의 야전식인 씨레이션C-ration이다. 당시는 베트남전이 한창 막바지에 이르렀을 때고, 미군 수송물자의 일부가 어떤 경로를 통해서인지 서울 구석구석의 속칭 '양키시장'에 안정적(?)으로 유입되고 있었다. 나의 부친은 군생활을 한동안 하셨고 그런 영향으로 우리 집에서는 적지 않게 씨레이션을 구입해 먹었다. 당시에는 싼 음식이 아니었겠지만, 나의 부친은 때로는 씨레이션을 몇 박스씩 구입해 당신의 방 한구석에 쌓아두셨다. 미각이 나름대로 섬세하셨던 부친은 깡통은 미제 아니면 안 된다는 말씀을 자주 하셨다. 동년배의 많은 한국 사람이 그러하겠지만, 미국이라는 나라에 대한 동경과 '메이드 인 유에스에이'에 대한 신뢰는 하늘을 찔렀다. 부친은 한국의 깡통은 믿을 것이 못 되고 먹을 만한 음식이 아니라는 말씀도 종종 하셨다. 나도 그런 줄 알았다. 아버지라는 거대한 존재의 말씀이라 그러기도 했지만, 사실 내 혀에도 깡통은 역시 미제였다.

이런 경험은 현재를 살아가는 우리나라 40대 이상이라면 최소한 한 번쯤은 있을 것이다. 나와 동년배의 어린 시절에 과일 통조림이나 꽁치 통조림은 선물을 받거나 여행을 떠날 때 사지 않으면 쉽게 구경하지 못하던 것이었다. 혹여 새로운 통조림이 출시되었다면 이에 대한 호기심도 적지 않았지만, 냉큼 새로운 제품을 살 만큼 통조림에 대한 그리움이나 환희를 가지고 있지는 않았다. 통조림이 신선한 음식의 맛을 그대로 살릴 수 없었음을 경험으로 알고 있었으며, 통조림이 신선한 음식에 비해 더 맛있거나 몸에 좋은 것이라고 여기지 않았기 때문이다. 하지만 거기서 한 발 더 나아가 통조림음식이 과연 어떤 맛일까, 혹시 잘못 사서 다 버리지는 않을까 하는 두려움도 가지고 있었다. 통조림 속의 내용물은 거의 수수께끼였다.

최근의 통조림은 이러한 불신을 한번에 날릴 수 있을 정도로 잘 만들어지고 있다. 비단 통조림뿐 아니다. 이제 어떤 제조음식과 포장음식, 저장음식도 입에 맞지 않는다거나 기상천외한 고약한 맛이 날 것이라고는 아무도 예상하지 않는다. 게다가 현재 대형마트에서 흔히 볼 수 있는 광경처럼, 시식코너가 소비자들의 의구심을 일소하고 충분히 그 맛에 공감할 수 있도록 마케팅 전략까지 강구한다. 모르는 음식에 대한 사람들의 경계심은 여전히 존재하지만, 식품업체들은 이를 해소하려 부단히 노력한다. 오늘날 수없이 다양하게 출시되어 있는 통조림들은 예전의 통조림이 가지고 있던 많은 의혹과 불신을 일소하였다. 심지어 신선한 음식보다 통조림에 들어 있는 음식이 입에 더 맞다고 하는 사람들도 점점 더 늘어나고 있다. 어린이들은 이제 신선한 음식을 더 이상하게 받아들이기까지 한다.

깡통음식의 등장은, 그러나 우리가 알고 있는 통조림의 기억보다 훨씬 더 오래전의 일이다. 깡통음식의 등장을 보려면 약 200년 전으로 돌아가야 한다. 그리고 깡통음식이 등장하게 된 사연을 보면 저장음식의 필요성이 금방 수긍된다. 지금도 그렇지만 깡통음식의 장점은 이미 만들어진 음식, 한동안 저장해도 되는 음식, 쉽게 들고 다닐 수 있는 음식, 금방 먹을 수 있는 음식, 뭐 이런 것들이다. 그렇다면 음식을 이렇게 먹는 상황은 언제일까? 그렇다. 시간 절약, 무게 절약, 조리 수월, 섭취 용이 등을 요구하는 조건은 바로 전쟁이다. 그래서 초창기의 깡통음식은 전시에 병사들에게 먹일 음식으로 개발되었다.

음식을 깡통에 저장하여 먹는 방식은 19세기 초에 나폴레옹Napoleon이 러시아를 침공할 당시 병사들에게 식량을 공급하는 한 방법으로 처음 소개된다. 나폴레옹은 자신의 군대가 급속히 팽창함에 따라 병사들에게 빠르고 안전하게 식량을 보급하고자 했으며, 상하지 않는 음식을 개발하는 자에게 상금까지 걸게 된다. 실제로 이때 깡통이 등장한 것은 아니지만 니콜라 아페르Nicolas Appert라는 파리의 요리사는 1810년 음식을 유리병에 넣고 이를 가열하여 밀봉하고 음식을 보존하는 방법을 제시하였다. 이것이 통조림 제조의 시초가 되었으며, 영국에서 이 방식을 제조한 통조림이 등장하게 되었다.

깡통음식 제작 기술은 1820년대쯤 미국으로 건너온다. 통조림은 배를 타고 항해하는 선원들이나 골드러시Gold Rush 붐에 편승해 서부로 몰려든 사람들, 또는 남북전쟁에 참전한 군인들에게 통조림은 간편하게 먹을 수 있는 음식으로 각광받았다. 당시의 통계조사에 의하면 1870년에는 미국에서 깡통음식을 제조하는 회사의 수가 97개에 이르렀다고 한다.[10] 당시까지 모든 깡통음식은 사람의 손으로 만들어졌으며, 판매도 거의 특별한 대상에 국한되어 이루어졌다. 그러나 1865년에 남북전쟁이 끝난 후 깡통음식의 판로가 줄어들자 제조업체들은 새로운 판매 대상을 구한다. 이들의 눈은 때마침 확장하고 있는 도시의 발달과 유통의 변화로 향하게 되었다.

사람들이 도시로 이동하면서 이들이 소비할 음식을 어떻게 공급할 것인가 하는 문제는 날로 심각해졌다. 도시의 발달은 단지 인구밀도만 높이는 것이 아니었다. 도시의 건축과 생활유형은 음식의 저장을 불가능하게 만들었다. 농촌에서는 자신이 일구거나 구한 먹을거리를 집에서 저장하며 먹을 수 있었지만 도시는 달랐다. 아파트 같은 공동주택은 음식을 저장할 수 있는 여분의 공간이 모자랐으며, 닭을 잡기도 생선을 말리기도 힘들었다. 중앙집중식 냉난방을 하는 건축물은 음식을 안전하게 저온으로 저장하는 것을 불가능하게 만들었다. 깡통음식 제조사들은 이에 주목했다. 자동 생산라인을 구축하고 대규모 생산 능력을 갖춘 업체들은 1880년대 중반부터 도시민을 향해 본격적인 공략에 나선다. 결과는 대성공이었다.

공정을 통해 만들어진 깡통음식이 대량으로 생산되고 이 제품들이 효율적으로 유통되면서 몇 가지 긍정적인 모습이 나타나기 시작했다. 일단 음식 가격이 저렴해졌으며, 상하지 않아 위생적으로도 비교적 안전하였다. 식품회사들은 자신들이 제조한 깡통음식이 질적으로 우수하고 안전하다는 것을 강조하였으며, 소비자의 믿음을 얻기 위해 최대한의 노력을 경주하였다. 그러나 의구심은 아직 남아 있었다. 공장에서 제조한 음식은 누구에 의해 어떻게 만들어지는지 불확실했으며, 소비자들은 이런 상태에서 음식을 구입하여 먹기가 석연치 않았던 것이다. 또한 정체를 파악할 수 없는 조리법으로 미리 만들어진 음식에 대한 거부감도 상당했다.

음식 선택과 장만 그리고 보관은 주부의 경험과 함께 자신이 평생을 지켜보며 배워온 모든 지식의 집합체였다. 따라서 사전 조리 제품은 주부들의 전통적인 음식 선택권을 심각하게 훼손하기에 충분했던 것이다. 게다가 초기 깡통음식은 공정상의 하자가 적지 않게 발생했다. 깡통 속에서 이물질이 발견되거나 깡통이 상해 음식이 썩는 일이 잦았고, 심지어 깡통이 폭발하기도 했다. 뿐만 아니었다. 깡통을 만든 금속에 납과 아연, 구리와 같은 중금속이 포함되기도 하였다. 사회적 이슈가 된 이런 사건들은 깡통 제조회사들로 하여금 새로운 방식의 제조공정을 도입하도록 요구했다.[11]

깡통음식을 제조하기 위해서는 가정에서 음식을 조리할 때 사용하지 않는 과정을 필수적으로 거쳐야 한다. 예를 들어 식재료의 맛과 향기 그리고 색깔을 유지하면서도 음식이 상하지 않게 하려면 다양한 혼합물과 첨가물이 필요하기 때문이다. 이런 혼합물과 첨가물을 사용하기 위해서는 더 많은 공정을 거쳐야 했다. 아이러니는, 더 많은 공정을 거칠수록 자연 상태의 음식에서 더욱 멀어진다는 사실이다. 인간의 먹거리 역사에서 전혀 사용되지 않던 생소한 물질들이 깡통음식의 제조 과정에 들어가게 된 것이다. 소비자들은 이 낯선 음식과 성분에 대해 의구심을 가질 수밖에 없었다. 식품회사들은 이런 의구심을 무마시키면서 시장의 경쟁에서 우위를 점하기 위해 상표와 상품에 대한 이미지를 구축하는 방식을 도입하였다.

내 어린 시절의 씨레이션에 대한 경험에서처럼, 깡통을 따서 먹어보기 전까지 깡통음식의 내용물은 철저하게 숨겨져 있다. 그러기 전에는 그 누구도 그 내용물의 맛과 향 그리고 음식의 촉감을 알 수 없다. 이런 문제를 조금이나마 해결해주는 것은 깡통 표면에 그려진 그림과 내용물에 대한 설명이다. 그마저 철저하게 이 깡통음식의 제작자의 결정에 의한다. 그래서 깡통의 그림이나 사진은 내용물을 그대로 보여주기보다는 구매욕을 자극하기 위해 실제보다 먹음직스럽게 표현된다. 또한 원재료의 싱싱함이나 바로 조리한 음식과 같은 느낌을 받을 수 있는 것처럼 선전된다. 깡통음식 회사들이 더욱 많은 이득을 취하기 위해서는 결국 소비자를 현혹시켜야만 하는 것이다. 우리는 여기에 무심코 동조하다가 이제는 길들여졌다. 깡통음식의 100여 년 투쟁은 이렇게 승리로 결말을 보는 듯하다.

최초의 가공식품,
마가린

아침 출근길에 바쁘게 지하철 입구로 내려가려치면 어디선가 슬며시 그러나 강하게 풍겨오는 포장마차의 샌드위치 냄새. 그 냄새의 주인공은 마가린이다. 마가린은 버터의 대용품이다. 버터의 대용품으로 손색없는 색깔과 냄새, 그리고 질감을 가졌다. 그러나 마가린의 성분은 버터와 별 관계가 없다. 지금부터 최초의 가공식품 마가린이 버터의 대용품으로 정착하기 위해 벌인 기술적, 정치적 투쟁을 따라가보자.

마가린 탄생에는 또다시 나폴레옹이 등장한다. 프랑스인의 주식은 빵이다. 그런데 버터를 바르지 않고 빵만 먹는 것이 그리 쉽지 않다. 나폴레옹은 병사들의 사기를 진작하기 위해서 버터를 충분히 공급해주고 싶었지만 쉽지 않았다. 버터의 가격도 비쌌지만 물량 확보 자체가 쉽지 않았던 것이다. 병사들을 위하고는 싶지만 공급량의 한계를 인지한 나폴레옹은, 1869년 버터를 대신할 수 있는 대체식을 만들도록 명한다. 발명하는 자에게는 상을 내릴 것을 약속했는데, 결국 그 상은 이폴리트 메주무리에Hippolyte Mege-mouries에게 돌아가게 되었다. 그는 쇠기름과 우유를 이용해 싸고 유통기간이 길며 버터와 같은 윤기가 나는 혼합물을 제조하고,[12] 이 화합물을 올레오마가린oleomargarine, 즉 인조버터라고 명명하였다(margarite는 그리스어로 진주이다). 마가린의 탄생인 것이다.

마가린은 1870년대 초 미국에 소개되었다. 육류가공업체들은 정육 후 남는 쇠기름을 이용하여 마가린을 만들었다. 어차피 버릴 쇠기름으로 무엇이라도 만들어 판매할 수 있다면 결코 손해나는 일이 아니었다. 마가린은 뉴욕에서 처음 판매된 이후, 일주일에 약 1만 2000마리의 소에서 나오는 기름을 이용하여 매년 약 5,400톤의 마가린을 생산하게 된다.[13] 생산 방식도 간단했다. 먼저 도축 과정에서 버려지는 소의 지방을 물로 세척한다. 그리고 세척한 지방을 기계로 잘게 부순다. 분쇄된 지방을 천에 싸서 누르면 연노란색의 올레오oleo 기름*이 떨어지는데, 이 기름을 냄새를 제거한 돼지기름deodorized lard과 섞는다.

* 올레산을 뜻하며, 통칭 기름의 일종이다.

여기에 소금과 색소 그리고 필요에 따라 약간의 우유와 버터를 섞으면 우리가 알고 있는 마가린이 된다. 제조업체에 따라 섞는 비율과 방법이 약간씩은 달랐지만 이 공정은 모든 마가린 제조에 공통적으로 사용된다.

그러나 초창기의 마가린은 지금의 마가린과 사뭇 달랐다. 일단 색깔부터 달랐다. 쇠기름과 우유의 혼합물은 흰색에 가까운 회색이었으며, 맛도 버터와는 달랐다. 단지 빵에 바르거나 요리할 때의 감촉이 버터와 비슷했는데, 대신 이 마가린의 매력은 상당히 저렴하다는 점에 있었다. 제조사들은 여기에 머물지 않았다. 마가린의 맛과 시각적 모습을 가능한 한 버터와 비슷하게끔 하는 데 총력을 기울였다. 맛과 시각적 효과를 향상시키기 위해 색소를 첨가하고 소금을 첨가하게 된다. 심지어 마가린에 '버터린butterine'이라는 명칭을 붙여 마치 버터로 인식되도록 유도하기까지 하였다. 초창기 마가린의 시장은 그리 크지 않았지만 서서히 그 판매량이 증가하였다.

마가린 시장이 이렇게 성장하자 유제품업계는 이에 신경을 쓰지 않을 수 없었다. 버터가 아니면서 버터 대용으로 사용되는 것이 마땅치 않았다. 유제품업계는 버터를 흉내 내는 마가린의 도전을 뿌리치기 위해 정부에 다양한 로비를 벌였다. 마가린이 비위생적이며 건강에 해를 끼친다고 주장하는 한편, 정부로 하여금 마가린에 대한 세금을 높게 책정하게 하고 판매제한 조치를 강구하게 하였다. 결정적으로 마가린의 색상을 바꾸기 위해 색소를 첨가하는 제조방식을 제한하도록 정부에 로비를 벌였으며, 심지어 생산량을 제한하도록 압력을 행사하였다. 이런 로비는 성공하였고 결국 이 조치들은 1930년대 중반까지 지속되었다.[14]

마가린 제조업체들은 견디고 있었다. 버터 제조업체들의 압력과 연이은 정부의 제재 조치가 가혹했지만, 제재의 근거에 대응하는 방법을 찾기 시작했다. 특히 쇠기름과 같은 동물성 지방이 심장병을 유발할 수 있고 건강에 해롭다는 공격을 피하기 위해 쇠기름을 다른 기름으로 대체하는 방법을 찾았다. 식품제조 기술의 발달은 결국 쇠기름을 목화씨 기름으로 대체하는 데 성공했고, 다시 목화씨 기름을 콩기름으로 대체하였다. 그러나 식물성 기름은 영양가가 낮을 것이라는 불만 역시 해소해야 했다. 콩기름이 동물성 지방이 아니라 건강상의 위험이 없다는 장점은 있었지만 동물성 식품에만 존재하는 비타민A와 같은 영양소가 함유되어 있지 않은 단점을 해결해야 했던 것이다. 이를 만회하기 위해 마가린업계는 정부에 집요하게 로비를 벌였다. 자신들이 제조하는 마가린에 비타민A와 비타민D를 첨가할 수 있게끔 압력을 행사한 것이다. 그리고 제2차 세계대전이 발발하기 바로 전 해 정부의 승인을 얻는다.

대공황과 제2차 세계대전의 와중에 마가린의 판매량은 작지만 조금씩 상승하였다. 특히 전쟁 중의 미국인은 마가린과 같은 싼 음식을 소비함으로써 자신들이 국가에 대한 최소한의 역할과 임무를 수행한다고 믿었다. 그리고 버터는 전쟁에 나간 병사들을 위해 남겨야 한다는 당위성을 내세워 소비를 자제하기도 하였다. 마가린업계는 전쟁에서 미국인의 애국심에 편승하고, 영양적 한계를 영양소 첨가로 극복하면서 더 많은 판매고를 올리려 노력했다. 영양소를 첨가함으로써 이제 마가린도 영양가 있는 음식임을 인정받고자 한 것이다. 마가린업체들은 콩기름과 목화씨 기름을 다루는 업체들까지 끌어들여 마가린이 영양가 있는 음식임을 인정받았다. 1941년의 일이다.

정부에 대한 로비는 여기서 그치지 않았다. 1950년에는 마가린에 높게 책정된 세법을 개정하게 되었으며, 미국의 대부분의 주에서 판매가 가능하도록 하였다. 게다가 인위적으로 색을 변화시키는 것도 가능하도록 로비하였다. 이런 로비는 계속 진행되었고, 결국 마지막까지도 마가린 색의 변조를 금지한 위스콘신 주를 1967년에 설득함으로써 현재의 지위에 오르게 되었다.[15]

그렇다면 마가린은 어떻게 정부를 압박하여 그 모든 것을 성취할 수 있었을까? 간단했다. 일단 대중의 호응을 얻었다는 것이다. 사실 버터와 비교하자면 마가린은 음식으로 분류하기 창피한 물질이다. 좋은 버터는 건강한 동물로부터만 만들어진다. 전통적 위생 상태를 유지하는 것도 필수다. 그러나 도시의 수많은 사람들에게 위생적이고 안전한 시골 버터를 공급하는 데는 한계가 있었다. 유통에 있어서 버터는 마가린과 경쟁할 수 없었다. 도시민들이 언제나 값싸게 구입할 수 있었던 마가린은 버터의 지위를 점차 빼앗을 수 있었다.

우리는 마가린의 등장과 발전 과정에서 두 가지 중요한 사실을 엿볼 수 있다. 하나는 이미 오래전부터 과학은 인간의 입맛을 속일 수 있는 정도로 발전했다는 것이고, 다른 하나는 과학 기술로 가공한 음식이 자연의 음식 역할을 수행할 수 있다는 가능성을 제시했다는 것이다. 음식이 아닌 것이 음식 행세를 하고도 인정받고, 나아가 진짜 음식까지 제칠 수 있다는 신호탄이 된 것이다.

여기서 잠시 정리하자. 인간은 최근까지 자연에서 직접 먹을거리를 얻었다. 인간은 자신이 무엇을 먹는지 출처를 정확하게 알았으며, 자신의 먹을거리와 필요한 소통을 했다. 그러나 때론 위생 관리와 저장의 문제가 존재하였으며 적절하지 않은 음식 습관은 인간에게 피해를 끼치기도 했다. 도시화, 산업화, 교통의 발달, 식품제조 기술의 발달은 종합적으로 인간의 먹을거리에 대한 인식을 바꾸었다. 음식의 저장기일 연장과 장거리 유통, 그리고 공장에서의 공정을 거쳐 만들어진 음식의 위생 관리는 도시 생활에 적합하게 발전하였다. 다양한 화학적 기술을 이용한 제조음식도 사람들의 인식에 천천히 자리 잡게 되었다. 그러나 이러한 음식의 등장은 인간과 자연을 천천히 그리고 철저하게 격리시키게 된다.

그렇다면 공정음식과 제조음식의 발달은 우리의 인식과 음식 문화에 어떤 영향을 미쳤을까.

제조음식은 먹을거리에 대한 인식을 어떻게 바꾸었나

    도시 생활은 음식에 대한 감각을 점차 변화시켰다. 도시민들은 전통적인 음식 선택과 조리 방식을 서서히 잊어갔고, 대신 현재의 생활양식에 적합한 음식문화를 새롭게 만들어가기 시작하였다. 그리고 공정음식과 제조음식에 대한 거부감도 차차 무뎌졌다.[16] 즉 공장에서 만들어지거나 미리 조리된 음식에 어떤 혼합물과 첨가물이 포함되었는가에 덜 민감하게 된 것이다. 게다가 도시에서의 생활은 음식이 어디서 어떻게 만들어졌는가를 알고자 하는 욕구를 상실하게 만들었다. 결론적으로, 이전에는 경험에 기초해 음식을 이해했다면, 도시 생활에서는 지식에 근거해 음식을 이해하게 되었다.

도시 사람들의 먹을거리 선택 요령도 진화하였다. 도시 생활은 바빴으며 일상은 늘 빡빡한 일정에 의해 움직였다. 시간의 효율적 사용과 절약이 도시 생활의 덕목이 되었다. 사람들은 초기 제조음식과 공정음식에 거부감을 가지고 있었고, 이런 먹을거리를 구입하는 데 익숙하지 않았다. 하지만 다른 뾰족한 방법을 강구하기가 쉽지 않았기 때문에 이들은 도시의 생활양식에 적응해가기 시작했다. 도시민들은 식품회사에서 제공하는 정보에 의존해 음식을 이해하게 되었다. 즉 음식의 모양과 상표 그리고 다른 소비자의 평가와 광고 문구에 의존해 음식을 판단하게 된 것이다. 물론 식품회사들은 이런 경향을 이용해 마케팅을 하는 데 주저하지 않았다.

이처럼 새롭게 등장하는 제조음식에 대한 사전지식이 존재하지 않을 때, 그 음식의 질을 추측할 수 있는 가장 좋은 수단이 바로 '브랜드brand'다. 소비자들은 일단 특정 브랜드에 대한 인식이 고착되면 곧바로 그 브랜드를 신뢰하기 시작하였고, 그 브랜드의 음식을 주로 구입하게 되었다. 사람들은 음식을 사기보다는 브랜드를 구입한다. 같은 두부를 사더라도 기왕이면 신뢰할 수 있는 브랜드의 두부를 구입한다. 비싼 가격은 오히려 브랜드의 신뢰도를 높인다. 이런 선택의 이면에는 제조음식과 공정음식에 대한 불안과 신뢰가 여전히 깔려 있다. 직접 재배하거나 만들어 먹지 못한다면 그나마 브랜드를 믿고 사는 것이다. 우리는 여전히 음식을 신뢰로 구입한다.

소비자 입장에서 제조음식의 가장 큰 장점 중 하나는 위생에 관한 염려를 최소화했다는 데 있다. 도시 내의 음식 유통은 저장과 보관을 어떻게 해결하는가가 큰 문제였다. 제조음식은 날것의 음식에 존재할 수 있는 병원체와 질병의 원인으로부터 소비자들을 보호해주었다. 다시 식품회사는 음식의 안전성과 위생을 강조하며 또 한 번 브랜드 이미지를 구축한다.

정부 또한 여기에 끼어들었다. 정체 불명의 출처와 함께 가공음식에 포함된 혼합물에 대한 의문을 해소하기 위해 1906년 미국에서는 '청정음식법안Pure Food Law'이 공포되었다. 이 법은 미국인이 깨끗하고 안전한 음식을 공급받고 먹을 권리가 있음을 명시하며, 이를 위반하는 먹을거리와 행위를 규제해야 함을 강조하고 있다. 음식에 대한 조절에 국가와 과학이 나선 것이다.

음식의 질과 안전에 대한 국가의 규제와 통제는 역설적으로 제조음식의 판로를 공고하게 해주었다. 즉 통제되지 않았던 제조음식의 유통 기준을 정부가 설정하고 업체들은 이를 준수함으로써, 제조음식이 안전하다는 인식을 소비자에게 심어준 것이다. 이전까지 규제 없는 혼돈 속에서 음식의 선택이 전적으로 소비자의 몫이었다면, 이제는 국가가 나서서 규제함으로써 소비자의 혼란을 줄이고 안전에 대한 신뢰를 향상시켰다. 그리고 기업들은 정부의 규정을 준수함으로써 이를 제품의 광고에 이용하게 되었다. 그러나 이 과정에서 정부의 규정을 준수할 수 없었던 작은 기업들은 도산할 수밖에 없었다.

새롭게 등장하는 제조음식에 대한 지식이 전혀 없었던 소비자들은 음식에 대한 이해를 전적으로 선전 문구에 의존할 수밖에 없었다. 제조음식을 만드는 식품회사, 이를 선전하는 광고회사, 규정을 만드는 정부가 모두 나서서 음식에 대한 대중의 인식을 바꾸게 된 것이다. 동시에 자신들의 입지를 굳히고 전문성을 살렸으며 권위를 더욱 확장시켰다. 반대로 전통적인 음식에 대한 지식과 지혜 그리고 주부들의 음식에 대한 전문성은 상대적으로 퇴색하게 되었다. 음식으로는 받아들이기 힘들었던 제조음식들이 서서히 음식의 주류로 자리 잡게 된 것이다.

그런데 이렇게 제조음식이 자연스럽게 주류음식의 자리를 차지하게 된 데 큰 영향을 미친 세력이 또 한 축 있다. 바로 위생과 안전교육을 강조하는 가정학자와 음식에 대한 과학적 이해를 강조하는 과학자들이다. 이들이 한 일과 그로 인해 바뀌게 된 우리 식탁과 음식문화를 알아보자.

4장

현대의 짝퉁음식들,
무엇이 문제인가

정제음식의
득과 실

　대형마트에서 과자를 모아놓은 진열대 앞에 선다. 주위를 둘러본다. 무엇이 눈에 들어오는가. 음식이라고 알려진 이 포장 속의 내용물은 무엇인가. 우리가 음식이라고 불렀던 것들인가, 아니면 우리가 새로이 음식이라는 범주에 넣어준 것들인가. 내 눈에는 이 모든 것이 정제음식refined food을 이용해 만든 제조음식processed food으로 보인다. 우리는 지금 정제음식의 한가운데 서 있다. 그리고 모두 정제음식으로 달려가고 있다. 특히 탄수화물로 된 음식 말이다.

　음식의 종류를 규정하기는 상당히 어렵다. 음식을 명명하고 규정하는 데 명확한 선이나 합의가 존재하는 것도 아니다. 신선한 음식을 어떻게 규정할 것이며, 조리한 음식, 정제한 음식, 제조한 음식, 공정을 거친 음식 등을 제각각 규정하는 것도 쉽지 않다. 편의상 제조음식은 다양한 식재료와 영양소를 혼합하여 만들어낸, 자연에서 존재하지 않는 먹을거리로 한정하고, 정제음식이란 일정한 식재료를 가공하여 특정한 물질을 제거하거나 첨가한 먹을거리로 한정해보자. 이러한 방식을 적용한다면 스포츠바는 제조음식으로 규정할 수 있을 것이고, 설탕은 정제음식으로 볼 수 있을 것이다.

산업화와 함께 사람들은 곡물cereal grains에 익숙해지게 되었다. 농업 기술의 발달은 더 많은 곡식을 공급할 수 있게 하였고, 곡식이 풍부해진 덕에 사람들은 곡물을 가공하여 먹을 수 있게 되었다. 밀알은 하얀 밀가루로 제분했고, 쌀알은 흰쌀로 도정하여 먹게 된 것이다. 하얀 밀가루와 하얀 쌀알은 빵을 굽기가 용이하고 입안에서의 감촉이 부드러웠을 뿐 아니라 사회적 계급을 표상했다. 게다가 정제된 곡물은 더 오랜 기간 저장할 수 있었다. 당연히 사람들은 먹기에도, 보기에도, 저장하기에도 만족스러운 하얀 곡물을 선호할 수밖에 없었다.

그러나 이런 기술에는 대가가 따랐다. 낱알을 하얗게 만들기 위해서는 껍질을 되도록 많이 갈아버리는 과정이 필수인데, 불행하게도 낱알이 가지고 있는 대부분의 영양소는 이 껍질에 모두 모여 있기 때문이다. 낱알의 영양소를 모두 제거하니 이제는 그 영양소를 먹기 위해 달려드는 해충마저 낱알을 외면

한다. 갈아버린 하얀 낱알을 오래 보관할 수 있는 이유도 바로 여기에 있다. 해충도 바보가 아니라서 영양가 없는 곡식은 거들떠보지 않는 것이다. 곡물의 영양소를 모두 버리고 나니 저장 기간을 연장할 수 있게 된 것이나 마찬가지다.

이뿐 아니다. 껍질을 제거한 곡물은 두 가지 측면에서 소화·흡수를 빠르게 진행시킨다. 하나는 섬유질을 제거했기 때문이고, 또 하나는 탄수화물의 분해 속도를 빠르게 하기 때문이다. 첫째 이유를 살펴보자. 곡물의 껍질을 제거하는 과정에서 다양한 영양소와 함께 섬유질도 함께 제거되는데, 섬유질은 질기며 잘 씹히지 않는다. 섬유질이라는 용어 자체가 실과 같다는 말이다. 우리가 자주 경험하는 것인데, 미나리나 마늘 줄기를 한참 씹다 보면 맨 나중에 실처럼 씹히지 않는 부분이 남게 된다. 또는 고구마의 한쪽 끝을 씹으면 실과 같은 질긴 부분이 나타나는데, 바로 이것들이 섬유질의 전형적인 모습이다. 하얀 밀가루와 쌀밥의 식감이 좋은 이유도 여기 있다. 씹어도 잘 끊어지지 않는 섬유질이 사라졌기 때문이다.

섬유질은 낱알 껍질의 구성성분으로 존재하면서, 낱알에 고유하게 함유된 설탕이 분해되어 바깥으로 배출되는 것을 막아주는 역할을 한다. 즉 섬유질을 일부러 갈아 없앴다는 것은 낱알에 포함되어 있던 설탕이 더 빨리 풀어져 없어지게 한다는 말이다. 결과적으로 섬유질이 사라진 곡물을 먹으면 설탕이 빠르게 곡물에서 녹아나온다. 음식으로 섭취된 낱알들은 사람의 뱃속에서 빠르게 설탕을 배출하고, 이 설탕들은 혈관 속으로 들어가 순간적으로 혈액 속 설탕의 수치(이를 혈당이라 한다)를 증가시킨다.

둘째, 곡물의 낱알을 갈아 곡분flour을 만들면 곡물의 원래 표면적에 비해 훨씬 더 넓어진 표면적이 발생하게 된다. 낱알일 때에 비해 훨씬 넓어진 표면적에 더 많은 소화효소가 작용할 수 있다는 의미다. 이에 따라 소화 속도가 빠르게 진행되는 것은 물론이다. 결국 곡물에 포함된 전분starch이 설탕으로 전환되는 속도가 더욱 빨라지게 된다. 이때도 곡분의 섭취는 혈당치를 순간적으로 증가시키는 기회를 높인다.

낱알의 껍질을 많이 갈아내는 것과 곡분으로 만들어 먹는 것은, 음식을 익혀 먹는 것과 더불어 인류의 진화에서 아주 중요한 역할을 수행했다. 이미 설명한 것과 같이, 곡물을 갈아서 먹는 것은 소화와 흡수를 빨리 진행시키는 데 도움을 주며, 이렇게 소화된 상태에서 또 다른 음식을 섭취하여 추가로 에너지를 섭취하고 활용하게 해준다. 음식을 익혀 먹는 것도 이와 유사하다. 음식을 익힘으로써 음식이 가지고 있는 에너지를 더욱 빨리 추출할 수 있는 것이다. 갈아서 먹는 것과 익혀서 먹는 것은 더 많은 영양분을 빠르고 손쉽게 섭취할 수 있게 해줌으로써 인간의 체구가 빠르게 커질 수 있는 기회를 제공했다.

이런 기술은, 그러나 현대인이 너무 과다한 에너지를 섭취하게 유도하는 결과를 초래하였다. 예전에는 먹을 것이 풍부하지 않아 이런 기술이 인간에게 이점을 선사했지만, 먹을 것이 풍부해진 현대사회에서는 오히려 더 많은 음식과 영양분을 섭취하는 것이 해로운 요소로 작용하게 된 것이다. 현대사회에서 음식을 적게 먹으라고 하는 것은 음식 자체의 문제라기보다는 그 음식이 어떻게 준비된 것인가를 잘 살펴보라는 의미다. 정제음식이 문제라는 말은 정제음식 자체가 해롭다기보다 너무 많은 정제음식을 먹게 된 것에서 비롯되었다.

탄수화물은 전분과 설탕으로 존재한다. 설탕은 단순 탄수화물이다. 전분은 복잡한 탄수화물이다. 탄수화물은 주로 감자, 쌀, 국수, 빵, 과자 등에 포함된다. 탄수화물이 소화되고 흡수되려면, 가능한 한 작은 구조의 설탕으로 변해야 한다. 예를 들어 전분(큰 덩어리의 탄수화물)이 소화되려면 소화기관에서 잘게 부서져 글루코스(작은 탄수화물의 대표다)로 변해야 한다. 전분보다 작은 글루코스라 해도 두세 개만 연결되어 있어도 소화기관은 흡수를 잘 못한다. 흡수가 쉽고 빠르기 위해서는 하나의 글루코스, 그러니까 아주 단순한 탄수화물로 변해야 한다. 그러니 소화 기능의 우선적인 목표는 음식을 작은 설탕, 즉 글루코스로 분해하는 데 있는 것이다. 일단 분해된 설탕은 혈액으로 들어가고 인슐린이 이 설탕을 끌어들여 간과 근육으로 이동시킨다. 글루코스는 뇌와 근육의 우선적인 연료이기 때문에 우리 몸은 글루코스를 확보하기 위해 무엇이든 한다.

앞에서 설명한 바와 같이 섬유질 제거와 표면적 증가에 의해 곡분의 소화·흡수가 빨라지며 이 과정에서 혈당수치의 증가가 빠르게 나타난다. 이처럼 갑자기 혈당이 높아지면, 우리 몸은 이를 조절하기 위해 많은 인슐린을 분비한다. 많이 분비된 인슐린은 다시 혈당치를 빠르게 내려준다. 혈당치가 떨어지면 우리는 다시 배고픔을 느낀다. 이런 급작스러운 혈당치의 상승과 하강 그리고 이에 반응하는 인슐린의 증가와 감소가 반복적으로 이루어지는 것이다. 동시에 근육으로 전달되는 탄수화물이 갑작스럽게 많아지면서 근육은 이를 순차적으로 사용하지 못하고 저장하게 된다. 근육이 탄수화물을 장기적으로 저장하는 형태가 바로 지방이며, 탄수화물이 많을 경우 지방의 사용은 상대적으로 줄어들기도 한다. 정제음식의 섭취가 과체중, 당뇨, 심장질환 등을 유발하는 이유가 여기에 있다.

우리가 주로 먹는 설탕이 대표적인 정제음식이며 대표적인 탄수화물이다. 미국인의 경우, 설탕의 섭취는 극단적이다. 1909년 미국 농무부에서 처음 추적을 한 이후, 미국인의 설탕 섭취 비율은 하루 열량 섭취 비율의 13퍼센트에서 20퍼센트까지 증가하였다. 미국인이 하루 열량으로 섭취하는 탄수화물이 전체 열량의 40퍼센트를 차지함을 감안하면, 미국인의 하루 열량 섭취 중 탄수화물이 차지하는 열량의 반 이상을 설탕이 차지하고 있음을 알게 된다.[17] 미국이 비만과의 전쟁을 선포한 이유도 여기에 있다. 미국인 비만의 주범이 바로 정제음식인 것이다.

이런 정제음식을 통한 탄수화물의 섭취가 체중 증가와 비만에 어떤 실질적인 영향을 미치는지 알아보자. 정제음식은 급작스러운 체중 증가를 유도한다. 그 이유는 다름 아닌 '에너지밀도energy density' 때문이다. 음식의 에너지밀도란 음식이 가지고 있는 단위 부피나 무게당 에너지 함유량을 의미한다. 즉 에너지밀도가 높은 음식을 먹는다는 것은 동일한 양(부피, 무게)의 음식을 먹었을 때에 비해 더 많은 열량을 섭취하게 된다는 의미다. 설탕은 부피에 비해 열량이 매우 높다. 그러니 적게 먹어도 충분한 열량을 섭취하게 된다. 그런데 그 부피나 양으로는 배를 채우고 포만감을 느끼기에 매우 부족하기 때문에, 사람들은 설탕만 먹어서는 허전함을 느낀다. 설탕을 더 먹거나 다른 음식을 추가로 먹게 되는 것이다. 이처럼 에너지밀도가 높은 음식을 배가 부를 때까지 먹으면, 우리가 필요한 에너지 섭취량을 훨씬 뛰어넘는 과다한 열량을 섭취하게 된다.

이것이 에너지밀도가 높은 음식, 즉 정제음식이 체중 증가를 불러오는 메커니즘이다. 미국인은 자신들이 세계 최고의 음식가공 기술을 발전시켰음을 자랑한다. 그러나 그들은 지금 스스로가 놓은 덫에 걸린 셈이 되었다. 돌아가려니 너무 먼 길을 왔다. 미국인의 입맛과 식습관, 음식문화가 다시 예전으로 돌아가기에는 너무 힘들어 보인다. 미국인이 영양학에 더욱더 목을 매는 이유다.

그렇다면 지금 우리나라는 어떤가. 아직은 미국인과 같은 처지는 아니다. 우리에게는 좋은 음식문화와 식습관이 여전히 남아 있다. 쉽사리 정제음식과 영양학의 덫에 빠지지 않았다. 그렇다고 안심할 수는 없다. 미국식 식습관이 빠르게 우리 식단에 침투하고 있기 때문이다.

현대의 산업화와 도시화에 맞추어 생산된 제조음식의 장점 중 하나는 보관과 저장에 있으며, 이 과정에서 곡류의 정제는 필수적이었다. 그런데 정제의 결과는 단지 저장 기간을 연장하고 유통을 간편화시키는 데 그치지 않았다. 정제음식은 곡물이 가진 영양소를 버리는 한편 인간의 소화·흡수를 빠르게 진행시키도록 조장하였다. 이로 인해 인간은 그동안 경험해보지 못한 생리적 반응을 나타내게 되었다. 알게 모르게 더 많은 열량을 섭취하고 급작스러운 체중 변화를 경험하게 된 것이다.

쉽게 설명하자면 이렇다. 현미로 밥을 지어 입에 넣고 오래 씹어 삼킨다. 위장에 들어간 현미밥은 천천히 분해되어 천천히 우리의 혈액 속으로 들어간다. 흰 쌀밥을 먹으면 이 과정이 생략된다. 위장에 들어가면 빠르게 흡수되어 혈액 속으로 들어간다. 사실 정제음식이야말로 최초의 '패스트푸드fast food'다. 패스트푸드의 개념이 빨리 준비하여 빨리 먹는 것으로 정리한다면, 정제음식은 먹자마자 바로 소화되는 패스트푸드인 셈이다.

영양가를 버리고
다시 첨가하는 정제 과정

식품회사의 음식제조 과정은 대량 가공을 필수로 하므로, 낟알이 함유하고 있는 영양소를 잃어버리는 것이 불가피하다. 물론 이를 피하려고 노력하지만 이게 쉽지 않다. 공장에서의 곡분제조 과정은 전통적인 곡분제조 방법과 근본적으로 다르기 때문이다. 왜 그런지를 알려면 먼저 제분기를 들여다봐야 한다.

밀가루를 만드는 과정을 보자. 과거에 곡분을 만들기 위해서는 돌로 만든 '휠wheel'을 사용했지만 산업화된 공장에서는 철제로 만든 '롤러roller'를 사용한다. 돌로 만든 맷돌은 밀 낟알 wheat kernel로부터 밀겨bran를 제거하는데, 이때는 밀겨에 포함된 다량의 섬유질만 제거된다. 맷돌은 씨눈germ or embryo까지 제거하지는 못하는데, 씨눈에는 영양소가 다량으로 함유된 휘발성 기름volatile oils이 포함되어 있다. 맷돌은 이 씨눈을 제거하지는 못하지만, 대신 씨눈을 으깸으로써 그 기름이 터져 유출되도록 한다. 맷돌로 간 곡분은 그래서 약간 노란 색깔을 띠는데, 그 성분이 바로 '카로틴carotine'이다. 이 기름은 공기에 노출되면 금방 산화되어 고약한 냄새를 풍기며, 곡분의 저장 기간도 단축한다. 대량 생산, 장기 보관이 필수적인 산업화된 식품 생산에서는 반드시 해결해야 할 문제였던 것이다.

이에 반해 롤러는 껍질뿐 아니라 씨눈까지 제거하고, 원래 밀알의 약 70~80퍼센트에 해당하는 내배유endosperm만을 남긴다. 내배유에는 전분과 단백질만 다량 함유되어 있다. 롤러에 의한 공정은 많은 이점을 선사한다. 보관의 안정성을 유지하고 색깔이 변하는 단점도 사라졌다. 롤러를 통해 하얗고 곱게 갈린 분말을 몇 달이고 선반에 보관하면서 먹을 수 있게 된 것이다. 이뿐 아니다. 롤러는 연중 무휴로 돌릴 수 있으며 맷돌과 같이 자연의 동력, 그러니까 인간, 말, 물의 힘이 더 이상 필요로 하지 않게 되었다. 공장에서의 대량 생산은 밀가루의 가격도 낮추었다. 음식을 저장하여 미리 앞날의 먹을거리를 확보할 수 있게 되었다는 점에서는 사람들의 심리적 안정까지 보장했을 것이다.

산업화와 함께 찾아온 롤러와 하얀 곡분은 다양한 이점을 선사했지만, 대신 씨눈이 가지고 있는 중요한 영양소들을 잃는 결과를 초래한다. 유아에는 단백질, 엽산folic acid, 비타민B 종류들, 다양한 항산화제, 오메가3 지방산(오메가3 지방산도 냄새가 고약하다)과 같은 영양소를 함유하고 있다. 그러니 씨눈을 제거한 흰 곡물가루는 영양학적으로는 거의 가치가 없는 가공물에 불과하다. 정제 기술이 보편화되면서 인간에게 펠라그라 pellagra(니코틴산 결핍 질환, 옥수수홍반)와 각기병beriberi과 같은 질환이 발생하게 된 것도 이 때문이다. 이 질환들은 씨눈이 가진 비타민B 결핍에 의한 것이다.

정제음식에 의해 발생하는 이런 질환이 영양소의 손실에 의한 것이라는 사실을 알게 된 것은 비타민이 발견된 1930년대에 이르러서다. 결국 제분업자들은 롤러에 의한 영양분의 손실을 만회하고자 정제 밀가루에 비타민B를 첨가하게 되었다. 논리는 간단하다. 모자라는 것이 있다면 추가적으로 그것을 먹거나 첨가하면 된다는 것이다. 1996년에는 사람들의 식이에서 엽산이 부족함을 인지한 공중보건 관계자들이 제분업자들에게 엽산을 첨가하도록 명시한 일도 있다.

최근에는 제분 기술이 더 발달하여 밀가루 생산업자들은 몇 가지 제분 방식을 선택할 수 있다. 밀을 겨까지 통째로 갈아서 통밀가루를 만들 수도 있으며, 정제하여 여러 종류의 '하얀' 밀가루(글루텐의 함량에 따라 강력분, 중력분, 박력분을 만든다)를 만들 수도 있다. 결국 제분업자들이 어떤 밀가루를 만들 것인가를 결정하면 그에 따라 밀알의 겨를 얼마나 제거하는지도 결정되는 것이다. 겨를 제거하는 것은 영양소를 제거하는 것이라, 전세계 약 3분의 1에 해당하는 국가들은 제분업자들에게 흰 밀가루에 다시 몇몇 가지의 비타민과 미네랄을 집어넣는 공정을 거치도록 규정하고 있다.[18]

미국의 경우 몇몇 비타민 영양소(니아신, 리보플라빈, 티아민, 엽산)를 첨가하게 하며, 추가적으로 철분을 섞게 한다. 그러니까 갈리는 과정에서 없어진 영양소를 다시 집어넣는 것이다. 제분업자들은 이를 위해 제약회사에서 비타민을 구입하여 일정량의 영양소를 밀가루에 첨가한다. 이렇게 음식물에 다시 영양소를 첨가하는 과정을 업자들은 '영양 첨가enriched'라고 한다. 영양이 풍부하게 만든다는 것이다.* 그러면 이런 과정을 거친 밀가루는 과연 영양소를 풍부하게 함유하고 있을까? 〈표 1〉은 겨를 제거하지 않고 제분한 통밀가루와 일반 밀가루, 그리고 영양 첨가 밀가루의 영양소 함유량을 비교한 것이다.[19]

이 표는 다음과 같은 사항을 우리에게 보여준다. 먼저 통밀가루에 비해 일반 밀가루는 칼로리가 증가한다. 반면 다른 모든 영양소는 감소한다. 겨가 제거되면서 비타민과 미네랄이 함께 제거되기 때문이다. 즉 밀가루를 섭취하면 할수록 열량은 높아

---

* 영양 첨가enrichment는 원래의 수준으로 다시 첨가한 것을 말하며, 영양 강화fortification는 원래보다 더 영양소를 첨가한 것을 말한다.

영양소	통밀가루	일반 밀가루	영양 첨가 밀가루
칼로리(Kcal)	340	360	360
단백질(g)	14	10	10
섬유질(g)	12	3	3
칼슘(mg)	35	15	15
비타민B$_6$(μg)	340	45	45
철분(mg)	4	1	5
니아신(mg)	6	1	6
엽산(mg)	45	25	180

지고 영양소는 줄어드는 것이다.

　이처럼 정제음식이 높은 열량과 적은 영양소를 가지고 있음에도, 식품업체들은 제조음식이 더 좋다고 선전한다. 즉 가공 과정에서 없어진 영양소를 소량 첨가하였을 뿐임에도 마치 원래 먹을거리인 밀보다 더 많은 영양소가 첨가된 것처럼 포장하는 것이다. 그러나 〈표 1〉에서 보듯이 영양 첨가 밀가루가 일반 밀가루에 비해 많이 가지고 있는 영양소는 철분, 니아신, 엽산 뿐이며, 통밀가루에 비하면 그마저도 차이가 없다. 그러나 소비자들은 이런 가공음식의 영양적인 이득을 믿고 먹으며, 더 많은 칼로리를 섭취하는 것이다. 영양 첨가 밀가루는 일반 밀가루는 물론 통밀가루보다 엽산을 더 많이 함유하고 있는데, 엽산을 다량 섭취한 임신부는 신경에 문제 있는 어린아이를 낳을 위험이 높아진다. 특정 영양소를 자연 상태에 비해 높거나

낮게 만드는 것은 예기치 못한 부작용을 불러올 수도 있는 것이다.[21]

현재 정제음식은 음식을 분해해서 필요한 영양소를 다시 집어넣는 모양새다. 필요한 것을 더 집어넣겠다는 데 불만을 가질 이유는 없어 보인다. 그런데 문제는 지금의 과학이 우리가 무엇을 보충해야 하는지 완전히 알고 있지 못하다는 데 있다. 모든 음식물은 다양한 영양소를 가지고 있으며 함유한 영양소의 양도 천차만별로 다르다. 아직 자연에 존재하는 모든 영양소가 인간에게 알려진 것도 아니며, 게다가 알려진 영양소들이 어느 정도의 영향력을 인간의 몸에 미치는지에 대해서도 확실히 밝혀진 상태가 아니다.

통곡물의 식이습관을 가진 사람들에게서는 당뇨, 심장질환, 암 발생률이 적게 나타난다. 그 이유는 단지 영양소의 양이 많기 때문은 아니다. 음식의 영향을 파악하려면 영양소 각자의 역할을 아는 것도 중요하지만 각 영양소들이 어떻게 서로 상호작용하는가도 이해할 필요가 있는 것이다. 즉 음식들은 각자 시너지효과를 가지고 있는 것으로 제시되기도 한다.[22] 최근 생식을 하거나 통째음식을 먹는 사람들이 늘어나고 있는 이유도 여기 있다. 암과 같은 중병을 경험한 사람들이 오랜 전통의 음식을 찾아 섭취하는 이유도 여기 있지 않을까. 영양학으로 사람들을 치유하기보다는 음식으로 사람들을 치유한다는 말이 더 옳은 말일 수 있다는 것이다.

우리는 음식을 어떻게 분해하는가는 알고 있지만, 어떻게 이를 다시 조합하여 우리에게 유익한 음식으로 만들 수 있는가는 모르고 있다. 레고와 같다. 잘 꾸며진 레고 덩어리를 풀어 헤치고 나서 눈에 띄는 그리고 마음에 드는 조각만을 다시 맞춘다. 원래 덩어리에서 떨어진 그 많은 레고 조각들은 바닥에 내버려둔 채. 이것이 정제 과정이다.

더 많이 먹게 만드는
제조음식

음식을 얻는 과정이 달라진 것처럼, 음식을 먹는 방식도 변했다. 음식마다 무엇을 얼마나 먹어야 하는지 정해져 있는 듯이 보인다. 이러한 적지 않은 강박관념의 뒤에는 과학이라고 불리는 매우 강력한 조절자가 존재한다. 바로 영양학이라는 이름의 과학이다. 영양학은 '알맞은 칼로리 섭취와 균형 잡힌 식단'을 강조하고 있다. 그리고 이런 개념 위에서 칼로리의 섭취와 소비의 균형을 강조한다. 건강과 관련된 업계와 식품업계는 이를 근거로 다양한 칼로리 계산의 중요성을 강조하고 칼로리의 균형을 유지하기 위한 다양한 방법을 제시한다. 그렇다면, 영양학이 등장해서 사람들의 인식을 바꾸기 이전, 우리는 얼마나 먹었을까.

얼마 전까지만 해도 사람들이 먹는 음식량(동시에 섭취하는 음식의 열량)은 꼼꼼히 계산되지 않았을지언정 음식을 만들고 제공하는 사람들에 의해 보이지 않게 조절되었다. 이 제공자와 조절자는 다름 아닌 주부였다. 아마 아직도 가정에서의 식사를 통해 아이들과 남편의 음식량은 부엌을 책임지고 있는 주부에 의해 결정되지 않나 싶다(요즘이야 외식이 다반사지만). 대부분의 주부는 분명 정확하게 칼로리를 계산하거나 영양소를 따져서 식단을 짜지는 않는다. 그날그날 상황에 따라, 주부 자신 또는 아이들이 원하는 식단을 생각해내고 그에 맞추어 식사를 준비한다. 때로는 며칠 전에 구입해 냉장고에 저장했던 식재료를 이용해 음식을 만들기도 한다. 정 귀찮거나 바쁘면, 있는 반찬 내고 간단히 국이나 찌개만 새로 끓여 내기도 한다. 주부들은 그의 어머니들이 그러하였듯이 일상에서 터득한 경험과 지식을 바탕으로 식사를 준비한다. 맹목적이고 비계획적인 것처럼 보였을지라도 그 경험과 지식은 가족들의 건강을 유지하는데 충분하였다.

보통의 경우 인간은 자신이 무엇을 얼마나 먹어야 하는가를 동물적으로 감지한다. 때로는 단 게 먹고 싶고 때로는 좀 매운 것을 먹고 싶을 때가 있으며, 오늘은 많이 배가 고프고 다른 때는 그렇지 않음을 느낀다. 어떨 때는 별로 먹은 것도 없이 배부르기도 하고 무엇을 먹었는지 배가 쉽게 꺼질 때도 있다. 개인

적인 대사량과 먹은 음식의 종류에 의해서도 지배되겠지만, 그
날의 기분과 분위기에 따른 정신적·심리적 영향도 받는다. 즐
거운 분위기에서는 저도 모르게 많이 먹기도 하고 분위기 이
상한 곳에서는 먹다가도 숟가락을 놓게 된다. 어떠한 이유로든
간에 인간은 한 동물로서 먹는 것과 소화시키는 것, 배고픔과
배부름, 포만감을 몸이 자율적으로 조절할 수 있다. 물론 아주
적은 수의 사람들은 병적으로 이러한 조절 능력이 약하거나 줄
어드는 경우도 없지 않지만 말이다.

주부들은 그날 저녁의 밥상에 얼만큼의 음식이 올라야 하는
지 가족들의 식사량에 대해서는 완전히 꿰차고 있다. 남은 찬
밥과 어제 먹고 남은 찬거리 그리고 다시 씻어야 할 쌀의 양과
끓여야 할 찌개의 양. 보통 모자라기보다 약간 많을 성싶을 정
도로 양을 잡는다. 식구들의 식사량을 정확하게 알아서이기도
하지만 그날그날 가족의 분위기와 가족들의 배고픔 정도를 감
안한다. 주부들은 이때 칼로리를 따지지 않는다. 다만 오늘의
양을 어느 정도로 맞추어야 하는가에만 관심을 둔다. 대부분의
경우 대충 맞아떨어진다. 오늘 만든 저녁이 가족들의 배부름
과 만족을 가져왔을 때, 주부들은 설거지를 하면서도 만족하게
된다. 주부는 가족의 음식의 질과 양을 공급하는 공급자였다.

그런데 언제부터인가 이러한 공급과 조절을 담당하던 주부의
역할이 점차 축소되고 있다. 이러한 기능 축소의 원인은 다양
하게 지적될 수 있다. 생활 형태가 바뀜에 따라 집에서 가족이

함께 식사하는 빈도가 줄어서이기도 하며, 이제는 가족 전체가 음식을 먹기보다는 각자의 일정에 따라 서로 다른 시간에 따로 식사를 하기 때문이기도 하다. 그러나 가족 구성원들이 식사하는 시간과 장소가 달라지는 것보다 더욱 강력하게 가족들의 음식량을 조절하는 요인이 있다면, 그것은 바로 현대 기술에 의해 제조되고 정제된 음식일 것이다.

이제 현대인이 먹는 음식의 양과 질은 점차적으로 '과학으로 증명된' 식이방식으로 바뀌고 있다. 이를 부추기는 당위성이 칼로리(열량)다. 하루에 필요한 양, 먹어야 하는 양, 몸에 좋은 것과 나쁜 것, 더 먹을 것과 줄여서 먹어야 할 것 등 영양소와 칼로리의 개념은 모든 이가 똑같이 따라야 할 가이드라인을 제시하고 있다. 이렇게 제시되는 칼로리는 배고픔과 배부름 그리고 소화의 능력과 그날의 기분을 전혀 고려하지 않는다. 다만 하루 또는 일정한 기간 동안 무엇을 얼마나 먹었는지만 고려하게 한다. 또한 그 결과물인 체중의 변화에 민감하게 반응하도록 한다. 사람의 먹성과 먹고 싶은 것은 고려하지 않는다. 사람들마다 서로 다른 음식 섭취 특성이 있다는 것도 거의 고려하지 않는다. 먹는 것과 소비되는 것의 균형만 따진다.

음식의 양을 조절하는 양상이 주부의 경험에서 과학의 지식으로 이동함으로써, 경험에 의거한 어머니들의 역할이 줄어들었다. 동시에 기술 발달과 문명의 변화는 영양소와 칼로리 그리고 1인분의 개념을 규격화하고 있다. 그러나 이러한 인식의 변화 말고도 더욱 무서운 식사량 조절자는 따로 있다. 바로 생물학적으로 배고픔과 배부름을 무디게 감지하게 하는 제조음식과 정제음식이다. 먹고자 하는 인간의 느낌을 혼란시키고 충분한 양을 먹었음에도 더 먹고 싶어하게 만드는 것이 바로 이 가짜음식에 의한 인간의 반응이다. 왜 그렇게 되었을까?

현대 기술에 의한 먹을거리의 정제, 제조와 공장에서의 대량생산과 같은 식품업계의 활동이 우리 인간에게 어떠한 영향을 미치는지를 명확하게 설명하기는 쉽지 않다. 아직 밝혀지지 않은 것들이 많기 때문이다. 그럼에도 그 영향의 일부분에 대해서는 설명할 수 있다. 앞서 설명한 소화와 흡수 작용 외에도 또 한 가지 설명할 수 있는 것은 바로 정제음식, 제조음식으로 인해 발생하는 섭취 에너지량의 교란이다. 이미 에너지밀도에 대해서 설명했지만, 이와 더불어 제조음식들은 알게 모르게 인체의 기능들을 천천히 교란시키고 있다.

공장에서 제조된 음식은 사람들로 하여금 더 많은 양을 먹게 한다. 식품업체들은 갖가지 기술과 방법을 동원해서 사람들이 더 많이 자사의 제품을 사게끔 한다. 업체의 사활이 여기에 걸려 있어 경쟁은 치열하지만 그 결과는 달다. 업체들의 희망 사항은 싸고 맛있으며 항상 찾는 먹을거리를 창조하는 것이다. 한 번 히트하면 공격적인 마케팅을 이용해 해당 제품의 지속적인 성공가도를 보장한다. 불행하게도 이 과정에서 사람들은 점차적으로 먹을거리에 대한 생물학적, 심리적 조절 능력을 천천히 상실하게 된다. 그 결과가 비만이다.

　정부 기관과 영양학자들 그리고 의사와 언론은 오래전부터 지속적으로 적정한 열량 섭취를 강조하고 있다. 칼로리의 개념은 천천히 그러나 견고하게 사람들의 뇌리에 자리 잡게 되었으며, 다이어트나 체중 조절에도 칼로리 섭취와 에너지 소비는 우선적으로 평가해야 할 중요한 정보로 이용된다. 전문가들은 구체적으로 그 방법을 제시하기도 한다. 먹는 것은 이렇게, 운동은 이렇게, 체중 조절은 이렇게, 건강을 위한 생활은 이렇게 하라는 말들은 이제 신물이 날 정도로 흔하다. 그런데 이런 전문가들의 영양 권장사항에도 불구하고 사람들은 날로 더 비대해진다. 미국의 경우가 가장 극단적이다. 식단에 대한 지식과 정보가 넘쳐나고 전문가들이 문제점을 해결하려 뛰어들어도, 미국의 거의 모든 인구에서 아이들과 성인들을 가릴 것 없이 비만 인구는 증가하고 있다. 아이러니가 아닐 수 없다. 과학의 발달, 정보의 풍요, 지속적인 캠페인과 교육, 그리고 식품업체들이 주장하는 것과 같이 건강에 좋은 음식(?)들이 계속적으로 출시되고 있음에도 어찌된 일일까. 어디서부터 잘못된 것인가. 원인이 하나는 아닐 것이다.

　미국의 음식 공급 데이터(1인당 에너지 공급 추정에 근거)에 의하면, 미국 성인은 1970년대 이후 2000년까지 지속적으로 더 많은 칼로리를 섭취한 것으로 나타났다.[23] 국민의 열량 섭취에 대한 정부의 지속적인 관심에도 불구하고 이런 증가 추세가 나타나는 것은 무엇으로 설명할 수 있을까. 일단 몇 가지 믿을 만한 이유가 존재한다. 첫째, 열량이 높은 음식을 싸게 구입할 수 있다는 것, 둘째, 입맛을 자극하는 다양한 음식이 늘어났다는 것, 셋째, 집 밖에서 식사하는 기회가 많아진다는 것, 마지막으로 1인분의 양이 증가하였다는 점이다.[24]

마지막 원인을 살펴보자. 첫 번째와 두 번째 이유와 함께 1인분 양의 증가는 사람들이 더 많은 열량의 식사를 하도록 유도하고 있다. 집에서 먹는 음식이야 더 먹을 수도 남길 수도 있다. 물론 매식買食도 음식이 모자란 경우 더 먹기도 하고 많으면 남기기도 한다. 그래도 많은 경우 자신에게 주어진 양을 모두 비우게 마련이다. 이때 사람들에게 주어진 음식량은 비워야 할 대상이 된다. 제조음식과 포장음식은 1인분에 대한 감각을 일반화시킨다. 우리가 먹는 음식의 양을 주부들이 결정하던 시대가 있었다면, 이제는 그 양을 제조음식과 포장음식, 식당이 결정하고 있다. 1인분이라는 규격과 영양소 함량 그리고 칼로리 함량은 음식량을 결정하는 주요한 근거가 된다. 칼로리와 영양소에 민감한 사람들은 먹는 과정에서 조금 배고프더라도 더 먹어서는 안 된다며 자신을 설득한다. 그리고 참는다. 문제는 제조음식과 포장음식 그리고 식당에서 제공하는 1인분의 양이 과거에 비해 늘어났다는 것이다. 한 연구에서 음식점의 음식과 대형마트에서의 제품들 그리고 요리책에 등장하는 주요 음식들의 양을 기준으로 예전과 비교해보았다. 결과적으로 빵을 제외하고는 모두 양이 증가하였는데, 1970년대부터 시작해 1980년대를 거치며 1인분의 양이 급격히 증가한 것으로 나타났다.[25]

식품제조 과정에서 1인분 양의 증가는 정말로 사람들이 더 많은 양을 먹게 유도할까. 실제로 그러해 보인다. 최근의 연구들에 의하면 1인분 양의 증가는 열량 섭취에 직접적으로 영향을 미치는 것으로 조사되었다. 즉 사람들은 정해진 단위 분량으로 음식을 먹는데, 단위가 커졌다는 것은 더 많은 양을 먹는다는 말과 일치한다. 과자를 예로 들면 사람들은 과자 하나 둘 셋이라는 단위로 먹게 된다. 그 크기나 열량으로 먹지 않는다.[26] 식품의 가격도 먹는 양에 영향을 미친다. 싸면 하나 더 사서 더 먹게 된다는 뜻이다.[27] 원플러스원(1+1)이 더 많은 소비를 유도할 뿐 아니라 더 많이 섭취하도록 유도한다는 말이다.

이러한 연구 결과들은, 사람들이 자신의 생물학적인 조절 능력과는 다르게 환경적인 요소에 의해서도 음식 섭취를 지배받을 수 있음을 지적한다. 즉 충분한 열량을 섭취하였음에도 불구하고 음식이 거기 있으면 더 먹을 수 있다는 뜻이다. 제조음식은 단지 생물학적으로 섭취량을 과다하게 만들 뿐 아니라 먹는 양식까지 변화하도록 조장한다.

이미 설명하였듯이 1인분 양의 증가와 더불어 음식의 에너지 밀도 또한 고열량을 섭취하는 데 전적으로 공헌한다. 특히 자연에서는 존재하지 않은 제조음식은 단위 부피 또는 무게당 열량 함량을 높임으로써 음식의 에너지밀도를 증가시킨다. 1인분 양의 증가로 더 많이 먹을 수 있는 여지가 있는데다 그 음식마저도 더 높은 열량을 포함하고 있어 두 배 세 배의 에너지를 섭취하는 꼴이 된다. 제조음식만이 이를 가능하게 한다.

5장

영양학의 등장과
정치적 계산들

영양학이
바꾼 풍경

　유학생으로 처음 미국에 갔을 때 참으로 다양한 문화적 차이를 경험했다. 그중 하나가 식품점grocery store에서 깡통음식을 들고 한참 동안이나 무엇인가를 읽고 있는 미국인의 모습이었다. 처음 보는 장면이라 무엇을 그리 열심히 보는지 궁금해하다가 그것이 포장지에 적힌 영양정보Nutrition Fact라는 것을 알아채고는 그 미국인의 모습을 계속 바라보았다. 그는 두세 종류의 깡통을 들고 한참을 고민하다가 결국 하나의 깡통을 카트에 담고서 자리를 떴다. 지금부터 대략 30년의 전이니 어찌 보면 앞서간(?) 미국 먹을거리구입 문화였을 텐데, 지금 생각하면 전혀 남의 일이 아닌 듯싶다.

그럼 우리는 지금 먹을거리를 어떻게 구입하고 있을까. 일일이 영양정보를 읽지 않는다 해도 최소한 포장에 대문짝만 하게 쓰인 '××× 첨가'나 '○○○ 무첨가' 또는 '○○○ 저첨가'에는 상당히 민감하지 않을까. 사실 영양정보를 제대로 읽는 데도 시간이 많이 걸린다. 깨알같이 적혀 있는 내용의 양도 적지 않을뿐더러 용어 자체가 낯선 탓이다. 그런데 매장 진열대 앞에 한참 서서 그 정보를 읽기에는 우리네 일상생활이 바쁘기도 하거니와 협소한 통로를 막고 서서 시간을 보내기도 눈치가 보인다. 정 궁금하다면 나중에 확인하자 하면서 그냥 카트에 넣고 만다. 어쩌면 매번 사던 것들이라 그 내용에 전혀 개의치 않을 수도 있고, 아니면 "어린이에게 좋은" 또는 "뼈에 좋은" 같은 표현에 현혹될 수도 있겠다.

먹을거리를 선택할 때 업체가 포장지의 문구를 통해 제공하는 이런 문구들이 과연 우리에게 얼마나 효용이 있을까. 결과적으로 설명하자면, 이 모든 노력이 부질없는 것임을 깨닫게 된다. 왜냐하면 업체는 과학적으로 증명되고 알려진 사실들을 근거로 우리로 하여금 그 정보를 믿게끔 하지만, 실제로 우리는 아직 과학적으로 밝혀지지 않은 것의 유해성이나 유용성을 접어두고 생각하기 때문이다. 우리가 구매하는 제조음식, 가공음식에는 하나같이 제품의 유통기한을 연장하고 음식의 질감을 유지하기 위해 다양한 첨가물을 집어넣는다.

그 많은 이상한 이름들의 첨가물질들을 읽어봤자 그 물질이 무엇인지 이해할 수 있는 사람이 거의 없기도 하지만, 이러한 첨가물이 우리의 건강에 어떤 영향을 미치는지는 대부분의 경우 과학적으로 명확하게 알려져 있지 않다. 첨가물의 양이 너무 적어 그 효과를 측정하기에 어려움이 있기 때문이기도 하며, 또는 첨가물이 상당히 오랜 기간 누적된 후에 효과가 발생할 수도 있기 때문이며, 또는 그 효과가 정말로 그 첨가물에 의한 것인지 증명하기가 어렵기 때문이다. 다시 말해 우리가 알고 있는 영양학의 지식들은 지금까지의 실험에 의해 알려진 것에만 근거한다. 그러니 증명이 되지 않았다면 누구도 그것이 유익하다거나 유해하다고 단정적으로 말할 수 없다. 그래서 한때는 좋다고 선전되거나 아무런 해를 끼치지 않는다고 한 것들이 후일 번복되는 일이 종종 발생하는 것이다.

앞서 미국인의 예를 들었지만, 가공음식이나 제조음식에 무엇이 들었는가를 들여다보는 가장 중요한 이유는 한 가지 때문이다. 특별히 피해야 할 물질이 포함되어 있는지를 확인하는 것이다. 그래서 대부분의 건강한 사람들은 그럴 필요가 없다. 예를 들어 면역 기능상의 알레르기allergy를 피하기 위해서는 반드시 해당 물질이 음식을 제조할 때 쓰였는지를 확인할 필요가 있다. 그러나 이런 절대적인 요구가 없을 경우라면 어떤 물질을 피한다고 우리가 더 안전해지거나 건강해지는 것은 분명 아니다. 앞에서 설명했다시피 몇몇 성분을 음식물에 더 넣거나 몇몇 성분을 완전히 제거하는 것이 우리의 건강과 안전을 보장한다고는 아직까지 아무도 말할 수 없다는 것이다. 게다가 다른 물질과 함께 섞여 섭취되는 경우는 더욱 그러하다.

아는 게 병이랄까? 과학적 증거나 영양학적 근거를 알아서 골칫거리인 경우도 발생한다. 대표적인 예가 바로 영양식품, 건강식품이다. 영양적으로 양질이거나 건강에 유익하다고 알려진 물질/음식 정보는 우리로 하여금 음식을 선별하여 골라먹도록 유도한다. 그것도 특정한 유해물질을 빼거나 특정한 이득물질을 더 넣는 형식을 취한다. 우리의 오랜 음식문화였던 '가려 먹지 말라'는 경구에 정면으로 배치되는 개념이다. 우리의 어머니와 할머니들께서는 식탁에 무엇을 올릴까를 걱정했을지언정, 무엇을 가려서 올릴까를 걱정해본 적은 없다. 동시에 좋든 나쁘든, 그것이 직접적인 독성물질을 가지고 있지 않다면 거의 항상 음식을 통째로 올려놓았다. 무엇을 빼고 더하는 일은 없었다.

우리 어머니들은 가족을 위해 손수 장을 보고 어떻게 하면 더욱 맛있는 음식을 만들 수 있을까 걱정했다. 음식으로 가족들을 얼마나 안전하고 건강하게 만들 수 있을까를 먼저 고민하지는 않았다. 어머니와 할머니는 이미 그 어머니와 할머니로부터 어떻게 음식을 만드는지 배워왔으며, 그 많은 경험은 자연스럽게 가족들을 건강하게 하는 데 충분했다. 우리는 그랬다. 음식을 통째로 먹었으며, 제철음식을 먹었으며, 충분히 먹었으며, 가려 먹지 않았으며, 함께 먹었으며, 음식 놓고 싸우지 않았다.

5장 영양학의 등장과 정치적 계산들

지금 영양학과 식품산업은 분리된 음식, 첨가된 음식, 제철과 무관한 음식, 알맞게 먹어야 하는 음식, 선별하여 먹어야 하는 음식, 나만 따로 먹는 음식을 정당화하고 있다.

왜 이렇게 되었을까? 이제부터 어떻게 영양학이 등장하여 우리 식탁을 지배하게 되었는지 알아보자.

영양소
발견

  화학의 발달은 인간을 둘러싸고 있는 다양한 물질의 화학적 구성요소들을 밝혀냈다. 영국의 의사이자 화학자인 윌리엄 프라우트William Prout는 19세기 초 음식을 구성하는 물질이 무엇인가를 연구하여 그것이 세 종류임을 밝혀냈다. 바로 단백질, 지방, 탄수화물로, 이것이 우리가 알고 있는 3대 영양소macronutrients다.

  그러나 이 세 물질 외에도 다른 구성물질이 포함되어 있음이 속속 밝혀지게 되었다. 여기서 리비히Liebig라는 학자가 다시 등장한다. 리비히는 모든 물질이 일정한 화학성분의 조합이라고 믿었다. 그리고 이 화학적 물질들이 사람에게 음식으로 섭취된 후 어떤 과정을 거쳐 에너지의 전환이 일어나는가를 연구하였다. 1842년 리비히는 '대사metabolism'라는 학설을 제시한다. 이는 생명 현상을 철저히 몇 가지 화학적 영양소의 작용으로 설명할 수 있다는 이론이다. 리비히는 또한 음식이 자라는 땅에도 일정한 화학적 물질이 존재하며 이 물질들이 식물들을 키우는 영양소라고 생각한다. 땅속의 대영양소는 바로 질소, 인, 칼륨이며, 사람이 살아가는 데 영양소가 필요한 것처럼 식물도 자신들만의 영양소가 필요하다고 주장하였다.

　리비히는 연이어, 사람들이 먹는 음식에 포함된 화학적 구성물질들을 분석하고 그 내용을 파악함으로써 그 영양소를 재조립할 수 있다는 아이디어를 꺼내들었다. 그리고 음식의 추출물을 이용하여 음식을 만드는 방법을 제시하게 된다. 먼저 육류의 추출물(Liebig's Extractum Carnis라 불린다)을 개발하여 고깃국물bouillon을 제조하였다. 그리고 이 고깃국물에 우유, 밀가루, 맥아가루malted flour, 칼슘중탄산염potassium bicarbonate을 조합하여 아기들에게 먹일 수 있는 포뮬러baby formula, 즉 분유를 제조하였다. 이것이 제조음식의 첫 단추인 셈이다.

　리비히의 베이비 포뮬러는 완전하지 않았다. 당시 그가 음식에 포함된 것으로 알고 있었던 구성물질의 수는 매우 제한적이었고 그 이후 현대과학은 많은 물질을 추가로 발견하게 되었다. 리비히가 파악하고 있던 음식 속의 구성물질들만을 포함시킨 제조음식은 완전할 수 없었다. 그의 포뮬러에는 비타민이나 몇몇 필수지방 그리고 필수아미노산이 결핍되었다. 따라서 리비히의 포뮬러를 먹은 아이들은 모유를 먹은 아이들에 비해 성장이 둔화되었다. 음식이 화학적 구성물질로 이루어졌다는 논리가 학자들의 동의는 이끌어냈지만, 정작 베이비 포뮬러는 기대만큼 효과를 보지 못한 셈이 되었다.

이론은 그럴싸했지만 이론에 의해 만들어진 포뮬러가 정작 작용하지 않았다는 사실은 새로운 의구심을 자아냈다. 학자들은 음식 속에 우리가 알고 있지 못했던 다양한 요소들이 포함되어 있을 것이라고 생각했다. 그리고 20세기에 접어들면서 미세영양소micronutrient를 발견하는 성과를 거둔다. 1912년에 폴란드의 생화학자인 캐시미어 풍크Casimir Funk, 1884~1997는 생명을 지속시키고 활성화시키는 물질이 존재한다고 제시한다. 그리고 이 활성적 역할을 담당하는 물질은 모두 통틀어 비타민vitamines*이라고 명명한다.

비타민의 발견은 인간이 경험적으로 알고 있던 많은 의문점을 해소하였다. 예를 들어 배를 타는 사람들이 단백질과 탄수화물 그리고 지방을 포함한 음식을 충분하게 섭취함에도 불구하고 종종 오렌지나 감자 같은 신선한 과일과 채소를 섭취해야 하는 이유를 이해할 수 있게 해주었다. 이전까지는 다만 신선

---

* vita-는 생명 또는 활성이라는 뜻이며, -amines는 아미노 화합물의 일종인 유기물질을 의미한다.

한 식물에 포함된 필수적인 성분 중 어떤 것이 선원들을 질병으로부터 보호해줄 것이라는 추측만 하고 있었다.

비타민의 발견은 또한 영양학의 위상을 한 단계 끌어올리는 역할을 했다. 처음에는 영양성분을 음식으로부터 분리하는 단계에서, 나중에는 실험실에서 합성하는 단계까지 지식과 기술이 발전하였다. 합성된 화학분자들은 괴혈병이나 각기병과 같은 영양결핍으로 인한 질환을 하루아침에 고치는 신기함을 보여주기도 했다. 당연히 비타민의 효과는 사회적인 관심을 받게 되었다. 1920년대에 들어서면서 심지어 괴혈병이나 각기병에 걸릴 이유가 없는 중산층 인구까지도 비타민을 건강보조제로 사용하는 유행이 번졌다.[28] 아이들의 성장 촉진제이자 어른들의 장수 비결로 여겨지기도 했다. 하나하나의 화학물질이 영양소로 각광받기 시작한 것이다.

영양학의 선봉에 선
가정경제학

가정학*은 1880년대만 해도 산업화와 함께 밀려드는 새로운 음식문화에 대한 경각심을 도시의 주부들에게 일깨운 주역이었다. 당시만 해도 가정학계는 확장일로에 있는 도시 환경에서 가축의 건강은 주부의 손에 달렸으며, 먹을거리의 안전과 위생은 전적으로 주부의 책임임을 강조하였다. 그리고 도시에서 판매되는 제조음식에 들어가는 혼합물과 첨가물에 대해 어떻게 대응할 것인지 교육하기에 바빴다. 동시에 전통적인 식문화의

---

* 원래의 용어는 가정경제학home economics로, 우리나라에서는 가정학으로 통용되던 학문 분야다.

중요성, 그리고 그것들을 지켜야 하는 다급함을 강조하였다. 도
시로 몰려드는 정체 모를 음식에 대응하여 주부로서 먹을거리
를 어떻게 장만하고 조리하여 식탁에 올릴 것인가를 주지시키
고 있었다. 서양 사회 역시 산업화로 인해 음식문화가 급변하
고 있었던 것이다.

그러나 가정학계의 이러한 움직임과 노력은 빠르게 그 지지
기반을 상실하게 되었다. 당시 대부분의 중산층 주부들은 가사
일의 많은 부분을 가사 도우미에게 의존하고 있었는데, 점차
적으로 가사 도우미를 고용하는 것이 경제적인 부담으로 다가
왔다. 이제 주부들이 직접 가사를 돌보게 되면서 어떻게 가사
일의 편리성을 도모할 것인가로 관심을 옮기게 되었다. 설상가
상 도시에서는 여권 신장의 사회적 분위기가 고조되고 있었다.
이러한 배경에서 '가정경제학자'라고 자칭하며 새롭게 등장한
전문가 집단이 형성된다. 그리고 이들은 주부의 가사일과 가정
경영을 새로운 시각에서 바라보게 된다.

가정경제학자들의 시각은 단순했다. 주부들이 가사노동에 들
이는 시간과 양상을 현저하게 바꿀 수 있다는 것이었다. 먹을
거리를 준비하고 조리하는 등의 가사노동을 이전과는 다른 방
식으로 수행함으로써 주부들의 시간과 노동력을 아낄 수 있다
는 가설이었다. 이런 시각을 가능하게 한 것은 물론 과학적 지
식을 바탕으로 만들어진 제조음식의 등장이 큰 역할을 하였다.
공정음식과 제조음식이 사회발전을 도모하고 주부들의 사회

적 위상을 바꾸기에 충분하다고 믿어졌던 것이다.[29] 제조음식이 과거의 관습에서 벗어나게 함으로써 여성들의 가사노동 부담을 덜고, 이런 식생활의 변형이 여성들이 더 많은 여가 시간을 즐기며 사회 활동에 참여하게 할 것으로 판단되었다. 전통적인 방식의 고수냐 아니면 새로운 방식으로의 전환이냐를 놓고 선택하는 문제였으며, 새로 등장한 가정경제학자들은 후자를 선택하였다. 이런 시각은 고전적인 가정학자의 역할과 전통적인 주부상을 한꺼번에 벼랑으로 몰아갔다.

가정경제학자들의 첫 단계 활동은 교실에서 시작되었다. 이들의 수업은 이전의 것과 사뭇 달랐으며 적극적이었다. 가사노동에서 효율성을 높이는 것의 중요성이 특히 강조되었다. 효율성은 시대의 화두였으며, 가정 역시 효율성 극대화를 목표로 경영해야 함을 강조하였다. 또한 가사노동을 단순화하고 최소화하는 방식을 모색하게 된다. 주부가 많은 시간을 소비하는 부엌에서는 어떻게 동선을 짧게 할 것이며, 불필요한 움직임을 최소화하기 위한 부엌 디자인을 어떻게 바꿀 것인가에 관심을 두게 된다. 이로써 피로를 줄이는 것이 중요함을 강조한다. 계량컵을 사용하거나 일주일의 식단을 미리 정하는 것도 경제적인 활동에 포함되었다. 전기스토브나 식기세척기를 사용하는 것도 가사노동을 줄이는 방법으로 제안되었다.

세균학도 교과목에 도입되었다. 세균학은 눈으로 보이지 않는 질병의 원인을 찾아내고, 이에 대비해 음식을 어떻게 준비해야 하는지에 관한 지식을 전달했다. 그리고 세균에 대한 대처방안으로 음식을 조리할 때 적정한 온도와 시간, 과학적으로 적정한 조리 방식에 관해 교육시켰다. 부엌의 청결은 주부의 책임으로 강조되었으며, 영양학은 음식을 만드는 것보다는 영양학적 지식을 이용하여 식단을 구성하는 방법에 관해 가르치게 된다. 그리고 음식에 포함된 영양소 계산을 통해 가족들에게 영양적으로 적정한 식사를 제공할 수 있는 방법을 가르치게 되었다.

그러나 초기 가정경제학과의 교과목과 영양학에서 제시하는 정보들은 실제 가정의 현실과 맞지 않는 부분이 많았다. 영양학은 맛과 욕구보다는 가족의 건강을 강조하였다. 맛을 위해 부엌에서 시간 낭비를 하기보다는 과학적인 음식 조리와 원리를 파악하고 활용하는 것을 중요한 교육내용으로 삼았다. 가정경제학자들은 다양한 과학적 근거(영양소, 방부제, 세균, 칼로리, 탄수화물, 1920년대에 들어서 비타민)를 제시하면서 눈에 보이지 않는 음식의 문제들을 지적하기 시작했다. 이는 전통적인 식문화 자체의 문제이기도 했다. 전통적인 습관에 익숙하던 주부들은 이런 지식체계 앞에서 더 이상 힘을 쓰지 못하였다. 그리고 전통적인 감각과 경험 그리고 어머니로부터 물려받은 내용을 유지하거나 전수시킬 당위성도 상실하였다. 주부들도 전문가의 주장을 수긍하지 않을 수 없었다. 천천히 영양학은 경험에 앞서는 논리가 되었으며, 가정경제학자들은 사회에서 인정받는 권위를 누리게 된다.

그러나 가정경제학자들의 이런 주장과 논리는 제조음식의 뒷받침이 없으면 성립할 수 없는 것이었다. 아무리 위생관념과 과학적 지식을 강조한다 해도, 그런 음식이 제조되지 않거나 소비자들이 싸게 구입할 수 없다면 가정경제학자들의 주장은 현실성과 설득력이 떨어질 수밖에 없었던 것이다. 그리고 교육내용의 원리는 현실에서 적용 가능한 지식이어야 했다.[30] 다시 말해 가정경제학자들이 아무리 위생의 중요성을 역설한들 식품회사들이 위생 기준에 맞추어 제조음식을 만들어내지 못한다면 아무런 결실을 얻지 못하는 것이었다.

결국 가정경제학자들의 교육내용은 업계와 동조체계를 형성할 수밖에 없었다. 가정경제학자들은 식품회사의 제품에 대해 과학적으로 동의하는 한편, 업체들은 영양학자들을 고용하는 공생전략을 편다. 공생은 철저하게 진행되었다. 식품회사에서 출시한 제조음식의 맛이 떨어지는 경우, 학자들은 맛이 떨어지는 것은 음식의 질이 향상되는 데 불가피한 조건이라고 강조하면서 회사를 두둔했다.

가정경제학과의 교육은 주부들과 사회에 새로운 패러다임을 제공하였다. 영양과 위생 그리고 제조회사와의 공조는 사람들의 인식을 바꾸었다. 시간이 경과할수록 주부들은 가정경제학자들의 주장에 귀를 기울이게 되었다. 영양소 차트와 메뉴 계획을 자문받아야 했으며, 최근에 새롭게 알려진 영양학의 정보가 무엇인지 알아야 했으며, 심지어 어떤 제조음식이 등장했는지에 대해서도 관심을 기울여야 했다. 이런 경향은 현재까지도 지속되고 있으며 칼로리, 3대 영양소, 복잡한 미세영양소들을 어떻게 이해해야 하는지 주지시키고 있다. 영양학은 음식의 일관성과 깨끗함 그리고 효율성이 맛보다 더 중요한 가치임을 강조한다. 결국 음식의 질을 판단하는 새로운 기준을 제시하게 된 것이다.

영양소가 강조되기
시작한 과정

먹는 버릇은 3대를 간다고 했다. 그만큼 인간의 감각과 선택에 있어 쉽게 변하지 않은 것이 맛에 대한 혀의 기억과 음식을 오감으로 즐기는 습관이다.

그런데 사람들은 언제부터 음식을 감각이 아니라 분석을 통해서 먹게 되었을까? 그러니까, 언제부터 사람들은 음식을 영양소로 보기 시작하였을까? 점차적인 변화였는지 아니면 어떤 계기를 통해 급작스럽게 변하였는지는 불확실하다. 그러나 마이클 폴란Michael Pollan은 미국의 영양 권장사항 제작이라는 사건을 계기로 국면이 전환되었다고 주장한다.[31]

1977년에 워싱턴에서 발생한 이 사건에 대해 언급하기 전에, 영양학이 사회적인 이슈가 된 계기부터 먼저 이야기하자. 1950년대 이후 미국 사회에서는 생활습관병이 급증하여 사회 병리 현상으로까지 부각되면서 심장질환, 암, 비만, 당뇨와 같은 질병들이 음식과 관련하여 증가하는 것이 아닌가 하는 의구심이 증폭하게 되었다. 그러자 미 의회는 1968년 '영양필요성 상원특별위원회the Senate Select Committee on Nutrition and Human Needs'를 조직하여 음식과 건강의 관계를 확인하는 청문회를 개최하기에 이른다. 사실 이 특별위원회는 그때까지만 해도 주로 영양실조에 대한 정보 수집과 확인 또는 음식구제 프로그램에 관한 내용을 주로 다루었고, 이전에는 식습관이나 생활습관병에 대해 관심을 두거나 청문회를 가져본 적은 없었다. 이틀간의 청문회는 음식과 사람의 관계에 대해 집중적으로 다루었다. 이때 음식이 사람들을 치명적인 상태로 몰고 갈 수 있다는 증언이 나오게 되었는데, 여기에 참석한 증인들은 과학자와 의사들이 아닌 법률가와 언론인들이었다.

증언의 내용은 이러했다. "미국 이외에 다른 문화권에서는 전통적으로 식물 위주의 식단을 가지고 있으며 이들의 생활습관병 발병률은 현저하게 낮다." "미국에서는 제2차 세계대전 후에 관상심장질환이 급증하고 있다." "전쟁 중에 육류와 유제품을 철저하게 제한한 사람들에게는 심장질환 발병이 일시적으로 떨어지더니 전쟁 후에 다시 급증하였다." "1950년대 중반부터 대부분의 육류나 유제품으로 섭취되는 지방이나 콜레스테롤이 심장질환 발병률을 급상승시킨다는 과학적인 견해들이 즐비하게 나타난다." 이 청문회의 결과, 미 의회는 '미국의 식이 목표Dietary Goal for the United States'라고 불리는 문건을 준비하도록 한다.[32]

그런데 이 특별위원회에서 나온 증언들은 새로운 것이 아니었다. 이미 1961년 미국심장학회American Heart Association에서는 포화지방산saturated fat과 콜레스테롤이 다량으로 포함된 육류를 멀리하고, 가능하면 '분별 있는 식사prudent diet'를 하도록 권장한 차였다. 이는 지질가설Lipid hypothesis에 근거한 권장사항이었는데, 사실 이 가설은 1960년대 말부터 학자들 사이에서도 더이상 받아들여지지 않는 가설로 전락하고 있었다. 그럼에도 청문회가 진행되는 동안 많은 사람들은 여전히 이 지질가설이 매우 타당하고 믿을 만한 과학적 지식이라고 인식하고 있었다. 병력학적 증거들이나 지질가설에 의한 믿음은 영양필요성 상원특별위원회를 움직였다. 결국 1977년에 열린 상원 특별위원회는 식이 목표에 따른 구체적인 지침, 즉 '식이 가이드라인Dietary Guidelines'을 제정하게 한다. 이 가이드라인의 표현은 다소 직설적이었는데, 붉은 육류 및 유제품의 섭취를 절제하라는 것이었다. 이것이 바로 워싱턴에서의 작은 에피소드, 그렇지만 향후 사람들의 인식을 바꾼 사건이라고 마이클 폴란은 주장한다.

이 가이드라인은 곧바로 거센 반대에 부딪혔다. 반발의 주체는 당연히 미국의 육류업계와 유제품업계였다. 몇 주간의 진통

끝에 특별위원회의 가이드라인은 급히 수정되었다. 수정 후 음식에 대한 직접적인 언급은 사라지고 일반적인 명칭으로 바뀌게 되었는데, "육류 섭취를 줄인다Reduce consumption meat"라는 문구는 "포화지방의 섭취를 줄일 수 있는 육류, 가금류, 생선을 선택한다Choose meats, poultry, and fish that will reduce saturated fat intake"로 수정되었다. 해당 업계에 타격을 줄 수 있는 부정적인 표현을 비껴가면서 포괄적인 육식에 대한 긍정적 표현으로 바꾸게 된 것이다.

폴란은 이때를 중요한 시점으로 여기는데, 정부의 공식적인 문건에서 음식의 이름이 아닌 화학성분이나 영양소의 이름이 거론되기 시작했기 때문이다. 즉 미국 정부는 음식의 이름을 직접적으로 거론하기보다 오히려 그 안에 숨겨진 보이지 않는 영양소를 언급하며 영양 권장사항을 제정하였는데, 그 이유는 업계의 반발을 의식했기 때문이다. 기묘하게 말을 돌림으로써 업계의 반발을 무마하고, 그러면서도 국가가 국민의 건강을 증진하기 위해 노력하고 있다는 것을 보여줄 수 있었다. 그러나 이렇게 꼬인 표현은 미국민을 혼란에 빠뜨리기에 충분했다. 음식을 음식으로 보지 않고 그 안에 무엇이 들었는가를 먼저 궁금하게 한 것이다.

1977년의 '식이 가이드라인' 제정에 결정적인 영향을 미친 상원특별위원회의 보고서는 '맥거번 리포트'라고도 불린다. 당시 상원특별위원회를 이끌었던 사람이 사우스다코타 주의 3선

상원의원 조지 맥거번George McGovern이기 때문이다. 거물 정치인이었던 맥거번은 그다음 선거에서 재선되지 못했다. 육류업계의 로비가 그의 패인으로 지목된다. 맥거번이 사라졌음에도 그의 행적은 이후 미국인의 음식문화와 영양학에 지대한 영향을 미쳤다. 이 영양 권장사항의 문구가 아직도 학자들과 정치가들에게 언급되는 이유이다.

그 영향은 도처에서 찾아볼 수 있다. 암과 식이의 예를 보자. 미국과학아카데미National Academy of Sciences는 식이와 암의 관계를 음식 이름이 아니라 영양소로 설명한다. 해당 업계와의 갈등을 피해가기 위함이다. 미국과학아카데미는 먹을거리와 암의 관계를 단순히 "식이 지방과 암의 관계에 대해 진행된 연구들의 결과, 암 발생률이 높은 집단에서 더 많은 지방을 먹은 것으로 나타났다"고 설명했다. 물론 이런 설명에 대해 모든 회원이 동의한 것은 아니었지만, 다수의 회원들은 직접적으로 음식 이름을 언급하는 것을 회피하고 있다. 이에 반발하는 회원들은 "암이 동물성 단백질, 식이 콜레스테롤, 동물성 음식에만 포함된 그 어떤 물질들, 또는 식물성 음식 섭취의 부족에 의해 쉽게 걸릴 수 있음"을 강조한다. 그러나 이런 설명은 많은 이해 당사자들과의 마찰을 유도한다는 이유로 채택되지 않았다.

음식 이름을 피하고 영양소 이름으로 설명하고 강조하는 것은 비타민C와 베타카로틴beta-carotene을 소개할 때도 마찬가지다. 영양학자들에 비해 병력학을 관찰하고 설명하는 의학자나 보건통계학자들은 비타민C보다는 감귤류로, 베타카로틴보다는 당근으로 표현하기를 더 좋아한다. 왜냐하면 감귤류에 비타민C 외에 또 어떤 알려지지 않은 물질이 함유돼 있어 암을 예방하는 효과를 가지고 있을지 우리는 모르기 때문이다. 마찬가지로 수백 가지의 카로틴 종류 중에서 단 하나의 카로틴으로 한정하기보다는, 다양한 카로틴을 함유하고 있는 당근으로 표현하는 것이 더욱 현실적이고 실제적이라고 보는 것이다.

그럼에도 음식보다 영양소를 강조하는 것은 오늘날 대세로 자리 잡았다. 이유는 간단했다. 영양소를 언급하는 것이 정치적인 이해관계에서 자유로울 수 있으며, 과학적인 것처럼 보이기 때문이다. 미국과학아카데미에서 발간한 보고서 〈식이, 영양, 암 Diet, Nutrition, and Cancer〉은 쇠고기와 브로콜리라는 음식 이름 대신 포화지방산과 항산화제라는 영양소로 권장사항을 표현했다. 결국 1982년에 발간된 보고서에는 새로운 식이 용어들이 공식적으로 성문화되었는데, 이 용어는 고도불포화 polyunsaturated, 콜레스테롤 cholesterol, 단순불포화 monounsaturated, 탄수화물 carbohydrate, 식이섬유 fiber, 폴리페놀 polyphenols, 아미노산 amino acids, 플라보놀 flavonols, 카로티노이드 carotenoids, 항산화제 antioxidants, 프로바이오틱 probiotics, 피토케미컬 phytochemicals 등이다.[33] 업계와 미디어 역시 이 용어들을 사용하게 됨으로써 우리에게 현재까지 영향을 미치고 있다. 바야흐로 먹을거리를 영양소로 인식하는 시대가 도래한 것이다.

영양학이 정착시킨 영양소 이름은 학자들의 권위를 공고히 하는 데에도 일조한다. 음식은 눈에 보이지만 영양소는 눈에 보이지 않는다. 미지의 영역인 것이다. 그래서 학자들의 소유물이며 대중에 대해 우위를 점하는 좋은 도구로 이용할 수 있다. 게다가 이 지식은 고정된 것이 아니라 계속 진화하고 변화하는 것이기에 학자들의 역할은 더욱 중요하다. 대중은 계속해서 이들의 입을 바라봐야 한다. 그 결과 사람들은 눈으로는 음식을 알 수 없으며, 음식 내부로 들어가야 음식을 이해할 수 있다고 생각하게 되었다.

영양학 연구의
함정

음식의 개념이 통째음식에서 영양소로 바뀌고, 자연에서 존재하는 음식보다 제조음식의 가치가 높아지고, 영양 권장사항이 음식을 가리키기보다 영양소 하나하나를 따지게 된 과정을 살펴보았다. 그렇다면, 음식에 대한 인식의 변혁을 주도한 영양학자들은 왜 이리도 영양소를 중시하는 것일까?

그 이유 중 하나는 음식을 과학으로 바라보기 때문이다. 현대 과학은 매우 분석적이다. 모든 것을 가능한 한 잘게 쪼개서 그 속을 들여다보고, 그것들이 어떻게 작동하는지 알아보는 데 중점을 둔다. 음식은 분석하기에 너무도 큰 덩어리다. 그러니 이것을 잘게 쪼개 분석해야 들여다볼 수 있다. 분석적인 해설을 통해 자신들의 학문의 위상을 정립하고, 더 나아가 많은 훈련과 공부를 통해 알 수 있는 사실들을 통해 자신들의 입지를 확보할 수 있는 것도 한 요인이다.

실제로 이러한 분석적 접근 방법은 상당한 설득력을 가진다. 음식에는 너무도 많은 요인이 포함되어 있어서 음식을 통째로 연구하기란 여간 어려운 것이 아니다. 그래서 음식이 가진 고유의 효과를 알아보기 위해서는 불가피하게 음식이 가진 모든 성분을 낱낱이 나누고 분석해야 한다. 이것이 영양학 연구의 고유 특성이다. 우리는 생활 속에서 자연스럽게 이루어지던 식사와 식단을 이해하기 위해 부득이 이것을 영양학으로 접근했는데, 역설적으로 영양학은 식사와 식단과는 무관하게 진행될 수밖에 없는 것이다. 과학 연구의 필요성은 식단에서 식사를 분리하고, 식사에서 음식을 분리하고, 음식을 또다시 하나하나의 성분으로 쪼개기 시작했다. 그러고 나서 하나의 음식 안에 어떤 재료들이 들어 있으며, 이 재료들이 어떤 성분을 가졌는지를 분석하게 되었다. 그리고 이 작은 영양소가 인간의 건강에 어떤 영향을 미치는지 평가하게 된 것이다.

하나의 영양소가 인간의 건강에 미치는 영향을 연구하기 위해서는 상당히 편향된 방식의 연구 방법을 도입해야 한다. 예를 들어 설명하면 이렇다. 두 집단을 설정한다. 한 집단은 몸에 해로울 수 있는 영양소를 일정량 먹게 한다. 그리고 다른 한 집단은 이 영양소를 먹지 않거나 적게 먹도록 유도한다. 문제는 우리의 일상생활에서는 두 집단과 같은 극단적인 형태로 음식을 섭취하는 경우가 거의 없다는 것이다. 이번에는 조금 실제적인 예를 들어보자. 유사하게 두 집단을 설정한다. 한 집단은 포화지방과 콜레스테롤이 많이 포함된 음식을 먹게 하면서, 반대로 채소와 과일을 많이 먹는 것을 제한한다. 다른 한 집단은 포화지방도 콜레스테롤도 거의 먹지 못하게 하고, 채소와 과일을 많이 먹도록 유도한다. 이 또한 우리의 일상생활에서는 거의 발생하지 않을 시나리오다. 보통의 경우, 정도의 차이는 있겠지만 두 종류의 음식을 조화롭게 섞어 먹기 때문이다.

여하튼 연구자들은 그 결과를 관찰한다. 그리고 결과를 받아들고 이를 거꾸로 전체에 적용한다. 생활에서 어지간하면 발생하지 않을, 특히 장기간을 염두에 둔다면 거의 발생하지 않을 시나리오를 꾸며서 결과를 얻은 후 그 결과를 다시 현장에 접목시키는 우를 범하는 것이다. 이런 식이다. '콜레스테롤을 많이 먹이니까 좋지 않았다. 육류에는 콜레스테롤이 많이 포함되었으니 육류를 피하라.' 육류에 포함된 다른 영양소를 생각하지 않고, 육류의 콜레스테롤만을 타깃으로 하여 생활에 접목시키는 꼴이다. 그러나 생활에서의 식이 양태와 하나하나의 영양소 차이는 하늘과 땅이다.

영양소에 대한 연구는 음식이 가지고 있는 모든 영양소 간의 상호작용을 연구하는 데 치명적인 약점을 갖는다. 왜냐하면 모든 영양소의 상호작용을 고려하면 연구가 복잡해지기 때문이다. 그런데 우리가 먹는 음식은 모두 이러한 조합과 상호작용 그리고 복합효과와 중복효과, 심지어 시너지효과와 감쇄효과를 갖는다. 우리가 알고 있는 몇 가지 예를 보자. 우리는 고기를 먹은 다음 커피를 마시며 느끼함을 상쇄하려 한다. 그런데 커피의 카페인은 고기의 철분을 완전하게 흡수할 수 없게 한다. 두 영양소가 상호작용하는 증거다. 또한, 칼슘과 인은 우리 몸에 필요한 미네랄이다. 둘 다 뼈와 연조직soft tissue을 구성하는 성분이며, 신경이 원활하게 작동하는 데 필요하며, 혈액 응고, 혈액의 산소 운반, 효소 활동에 관여한다. 재미있게도 인을 많이 섭취하면 내장에서 칼슘의 흡수가 감소한다. 그래서 두 물질 중 한 가지만 몸속에서 저 혼자 많아지거나 적어지는 경우는 없다. 서로 균형적으로 흡수되고 활용되는 사례다. 하지만 연구의 편리성과 명확성을 위해 영양소를 분리하여 연구하면 이런 상호작용은 무시하게 되는 셈이 된다.

영양학의 문제는 또 있다. 사람마다 영양소를 섭취하고 소화하는 데 얼마나 차이가 나는지를 예로 들어보자. 어떤 사람은 지방을 먹어도 살이 찌지 않는다. 어떤 사람은 조금만 먹어도 살이 찐다. 어떤 사람은 설탕을 다른 사람들에 비해 더 잘 대사한다. 유전적으로 우유의 락토스를 소화시킬 수 있는 사람과 그렇지 않은 사람이 있다. 내장에 어떤 박테리아가 존재하는가에 따라서도 에너지전환energy transformation*이 다르며, 그래서 인간은 일정한 기능을 가진 기계가 아니다. 단순하게 음식을 분해하고 소화시키는 것처럼 보이지만 각각 특성이 다른 기계다. 그러니 하나의 논리로 모든 기계를 해석할 수 없다.

영양 하나를 떼어서 생각해보자. 병력학에 의하면 과일과 채소가 많이 포함된 식사를 하는 문화권에서 암 발병률이 낮게 나타난다고 보고한다. 그렇다면 우리는 자연스럽게 과연 그 음식들에 무엇이 포함되었기에 그런 작용을 일으키는지 궁금해하게 된다. 항산화제는 낮은 암 발병률에 공헌하는 영양소 중의 하나다. 그런데 이 물질을 분리하여 섭취하면 전혀 그 효과가 나타나지 않을 뿐만 아니라 오히려 한 연구에서는 항산화제의 과다한 복용이 특정한 암을 유발하는 것으로까지 나타났다. 영양소를 음식에서 분리했기 때문이 아닐까. 이 항산화제를 다른 영양소와 같이 섭취했다면 같은 결과가 나오지 않을 수도 있는 것이다.[34] 우리는 항산화제 성분이 독립적으로 작용할 때와 다른 물질과 같이 작용할 때 서로 다른 효과를 가져올 수 있다는 것을 명심해야 한다. 그래서 영양소 하나의 연구가 음식과 식사, 식단을 이해하는 데 역부족일 수밖에 없다는 것

---

* 인체의 소화 및 대사 활동은 다양한 박테리아와 효소의 존재와 작용으로 가능하다. 이 때 하나의 에너지 형태가 다른 에너지 형태로 전환되는 것을 에너지전환이라고 한다. 예를 들어 음식의 화학에너지가 열에너지로 변환되어 체온이 유지되는 것이나 또는 체내에 축적된 화학에너지가 근육의 움직임과 같은 동작으로 전환되는 것을 말한다.

이다.

연구상의 문제점은 또 있다. 설문지다. 무엇을 더 먹고 덜 먹어야 할지 판단하는 것은 다양한 방식으로 이루어진다. 많은 연구들이 음식을 얼마만큼 먹었는가를 기록하거나 회상하는 방식으로 진행된다. 자주 사용되는 설문지 중 하나로 '음식 섭취 빈도 질문지Food Frequency Questionnaire'가 있다. 물론 이 설문지들이 타당성을 인정받았다고는 하나 그 타당성이라는 것이 거기서 거기다. 사람들은 정확하게 자신이 무엇을 먹었는가를 추정하는 데 무디기 때문이다. 또 한 가지, 일반적으로 사람들은 자신이 먹은 것에 비해 적게 보고하는 경향이 있다.

대표적인 병력학 연구인 '여성 건강 연구Women's Health Initiative'와 '간호사 건강 연구Nurses' Health Study'에서는 실험 대상자들의 식이 섭취를 파악하기 위해 설문지를 사용한다. 참고로 전자의 경우는 연구비로 4억 1500만 달러(한화로 약 4500억 원), 후자의 경우는 연구비로 1억 달러(한화로 약 1000억 원)를 사용했다. 이 연구에서 실험 대상자들은 자신이 실제로 먹은 것에 비해 적은 양을 먹은 것으로 설문지를 작성한 것으로 밝혀졌다. 연구진들은 이런 경향을 알아채고 나서 결국 설문지를 통해 얻어진 결과를 보정할 수밖에 없었다. 그런데 그 보정 방법이 가관이다. 먼저 실험 대상자들로부터 설문지를 받고, 다시 그들이 지난 하루(24시간) 동안 무엇을 먹었는지 인터뷰한다. 그리고 이 두 자료, 그러니까 설문 결과와 인터뷰 결과를 비교한다. 이

　　　　　　　　　　　　　　　　　　5장 영양학의 등장과 정치적 계산들

두 결과를 비교해보니 24시간 회상 방식의 수치가 높게 나타난 것이다. 결국 설문지 작성에서 나타난 결과보다 5분의 1 또는 3분의 1 더 먹더라는 것이다. 그렇다면 24시간 회상을 통한 식이 섭취는 이 실험 대상자들이 먹은 것을 정확하게 반영한다고 할 수 있을까. 물론 모든 연구 방법이 완벽할 수는 없다. 그러나 영양학의 연구 방법이 상당한 오차를 전제한 방법론을 사용하고 있음을 알 수 있다.[35]

그런데 문제는 사실 설문지를 사용하는 당시부터 발생한다. 사실 '음식 섭취 빈도 질문지'는 한 개인의 정확한 영양소 섭취를 산출하기 위해 만들어진 것이 아니다. 이 질문지를 개발한 캘리포니아 버클리 대학교UC Berkeley의 공중보건대학School of Public Health 교수이자 저명한 병리학자인 글래디스 블록Gladys Block 박사는 '음식 섭취 빈도 질문지'를 상대적인 등급의 평가 도구로써 개발했다. 즉 더 먹었느냐 덜 먹었느냐를 상대적으로 비교하는 도구로 개발한 것인데, 예를 들어 총칼로리에서 과일과 채소를 어느 정도 비율로 먹었는가를 알아보려 한 것이다. 칼로리나 영양소를 정확하게 계산하기 위해서 개발한 것이 애초부터 아니라는 것이다.[36] 그런데 이를 통해 각기 영양소의 섭취량까지 판단하는 웃지 못할 우를 범하는 것이다.

6장

영양 권장사항은
과연 믿을 수 있을까

직설을 피하는
영양 권장사항

'영양 권장사항' 또는 '영양 가이드라인'이라는 말을 한 번쯤 들어본 사람들이 많이 있다. 이 권장사항이 사람들의 건강을 위해 정해놓은 기준을 제시하고 있다는 것도 알고 있을 것이다. 권장사항이란 전문가나 전문단체 또는 정부기관에서 대중에게 제시한 기준과도 같다고 기대할 것이다. 사람들은 권장사항이 제시하는 내용을 구체적으로는 알고 있지 못하더라도 대략적으로 그 기준에 준하여 영양소를 섭취하는 것이 건강에 이롭다고 믿고 있다.

이런 믿음을 주는 영양 가이드라인 또는 권장사항은 두 가지 종류가 있다. 하나는 잘 알려지지 않은 정부의 지침서이고, 다른 하나는 대민 홍보용의 권장사항이다. 이번에도 미국의 사례다. 우리나라의 경우는 상당 수준 미국의 것을 개조하여 적용하고 있기 때문에, 미국의 사례를 통해 더욱 적나라한 영양 가이드라인의 면모가 나타날 것이기 때문이다.

먼저 정부의 지침서부터 설명하도록 한다. 미국 정부의 영양 지침은 '미국인을 위한 식이 가이드라인Dietary Guidelines for Americans'(이하 가이드라인)이라는 이름을 갖는다. 5년 주기로 개정되는데, 2010년도의 것이 가장 최근에 나온 것이다. 식이·건강에 관한 정책 문서로서, 일반인보다는 정부기관, 식품업체, 영양학자들 등 주로 전문가들이 참고하고 이용하는 문서다. 대중을 교육할 때는 거의 사용되지 않는다고 보면 된다.

미국에서 첫 번째로 등장한 가이드라인은 1980년대로 거슬러 올라간다. 이 문서의 발간은 미국 농무부와 보건복지부 두 정부 부처에서 공동으로 담당하고 있다. 이 가이드라인은 1985년과 1990년에 각각 개정되었고, 미 의회가 1990년에 두 부처에게 5년 주기로 개정하도록 요구함으로써 이후 매 5년마다 정기적으로 개정되고 있다. 최신판인 2010년의 개정본은 7차다.

물론 이전에도 음식에 대한 가이드는 존재하였다. 역사적으로 첫 '미국 음식 가이드US Food Guides'는 1916년에 등장하였으며, 이후 지속적으로 개정되어왔다. 그러나 '미국 음식 가이드'는 음식과 식품에 포함된 영양소에 대한 설명과 이들을 섭취하는 기준 등을 제시한 것이었으며, 가이드라인에서와 같이 식이가 주된 지향점은 아니었다. 단어에서도 나타나듯이, 이전의 지침에는 '음식food'이라는 단어를 사용하였으나 이후 '식이dietary'로 탈바꿈하게 된 것이다. 어쩌면 영양과 식이에서 미국인의 건강을 어떤 방식으로 유도해야 하는가를 고민한 흔적으로 보이기도 한다.

이제 해를 거듭하면서 이 가이드라인의 영양 권장사항이 어떻게 변동되어왔는지를 한번 살펴보자. 설탕을 예로 들어 설명하도록 한다.[37] 한 가지 전제는 설탕이 인체에 미치는 영향은 1980년대나 현재나 변함이 없을 것이라는 점이다.

1980년과 1985년에 제시된 식이 가이드라인은 설탕 섭취에 대해 짧게 네 단어만을 사용해 지침을 제시했다. "너무 많은 설탕을 피하시오Avoid too much sugar." 앞서 설명하였듯이 설탕을 적게 먹으라는 말은 설탕업계나 설탕을 다량으로 사용하는 식품제조업계에 결코 이로운 문구가 아니다. 그러니 조금은 유연한 표현으로 "너무 많은 양의 설탕 섭취"를 피하라고 한 것이다. 이후의 가이드라인에서는 해가 바뀔수록 설탕 섭취 지침에 쓰이는 단어가 늘어난다. 주목할 만한 것은 그 문구에서 직설적인 표현이 사라지고 있다는 것이다. 2005년의 가이드라인을 보면 영양소 분류 항목에서 아예 설탕이 독립적으로 존재하지 않는다. 대신 탄수화물 장의 '주요 권장key recommendation'이라는 항목에 들어가 있다. 2010년의 가이드라인에는 '줄여

〈표 2〉 미국 식이 가이드라인의 지침 내용 변화 : 설탕

연도	설탕 가이드라인	단어 수
1980	Avoid too much sugar 너무 많은 설탕을 피하시오.	4
1985	Avoid too much sugar 너무 많은 설탕을 피하시오.	4
1990	Use sugars only in moderation 적당량의 설탕을 사용하시오.	5
1995	Choose a diet moderate in sugars 설탕이 적절하게 함유된 음식을 선택하시오.	6
2000	Choose beverage and foods to moderate your intake of sugars 적당한 설탕 섭취가 가능한 음료와 음식을 선택하시오.	10
2005	Choose and prepare foods and beverages with little added sugars or caloric sweeteners, such as amounts suggested by the USDA Food Guide and the DASH(Dietary Approaches to Stop Hypertension) Eating Plan 미 농무부의 '음식 가이드'와 '고혈압을 막는 식이방법계획'이 권장하는 소량의 설탕이나 단것이 함유된 음식과 음료를 조리하거나 선택하시오.	27

야 할 음식이나 요소들'이라는 항목에서 설탕에 대해 언급하고
있다. 또한 설탕을 피해야 할 대상으로 지정하고 있지만 지속
적으로 "추가된 설탕added sugars"이라는 표현을 씀으로써 설탕
자체가 부정적으로 인식되는 것을 피하고 있다. 과다하거나 추
가로 들어간 설탕은 피해야 하지만 설탕 자체가 나쁜 것은 아
니며 자연에 엄연히 존재하는 것임을 강조하는 방법이다. 문구
를 이렇게 조정하는 것은 물론 설탕업계 로비의 결과이며, 설
탕업계도 그 사실을 부정하지 않는다.

설탕의 예에서 보듯이, 가이드라인의 지침은 과학적 근거나

사실과는 무관하게 이해 당사자들 간의 조율과 줄다리기를 통해 조정된다. 물론 이런 문구가 실제의 과학적 근거를 무시하고 조정되는 것은 아니다. 다만 과학적인 근거에서는 명확하게 직설적인 표현들이 존재하지만, 정부의 공식적인 가이드라인에서는 그 표현을 돌려서 하고 있는 것이다.

설탕에 관한 가이드라인을 제정하는 데 필요한 과학적 근거는 미 농무부의 과학자문위원회Scientific Advisory Committee에서 자료를 수집하여 정리하며, 이 자료와 근거에 의해 가이드라인의 문구가 정해진다. 물론 설탕에 관한 과학자문위원회의 입장은 설탕이 인체에 유해함을 명확하게 제시하고 있다. 예를 들어 "칼로리를 줄이는 가장 건강한 방법은 설탕의 첨가를 줄이는 것" "설탕은 칼로리 덩어리며 필요영양소를 포함하지 않음" "설탕으로 달게 만든 음료와 체중 증가의 관계가 높음" 등이다. 이 내용을 종합하면, 한마디로 설탕을 먹으면 칼로리 섭취가 많아지고, 그러면 살이 찐다는 것이다. 그렇다면 결론은 어떻게 내려져야 하겠는가. 간단히 '설탕을 덜 먹어라'여야 할 것이다. 그러나 이 말을 직접적으로 한다면 농무부는 설탕업계는 물론 사탕수수 생산자와 수입업자, 식품제조업계 등 관련된 업계와도 대척해야 하는 상황이 된다. 정부는 소비자의 건강만큼이나 산업자본가들의 이윤도 지켜야 하는 것이다! 자연스레 정부기관은 말을 돌리게 되었고, 그 결과 음식보다 영양소에 손가락질하는 형국이 되었다.

이번에는 콜레스테롤에 대한 로비를 보자. 과학자문위원회는 2005년판 식이 가이드라인 개정에 필요한 내용을 2004년에 정부에 제출하였다. 여기서도 분명하게 과학자문위원회는 포화지방과 트랜스지방 그리고 콜레스테롤을 적게 섭취하는 것이 관상동맥질환을 줄이는 데 좋다는 내용으로 수정해야 한다고 강조했다. 그리고 건강한 심장을 원하는 사람들은 하루에 300밀리그램mg 이하의 콜레스테롤을 섭취해야 한다고 첨언한다. 결론은 명확했고 이에 근거한 가이드라인 개정 또한 그리 어려워 보이지 않았다. 문제는 달걀이었다.

우리가 자주 먹는 단일음식 중에 콜레스테롤의 함량이 가장 많은 것이 달걀이다. 사실 노른자는 그 성분이 거의 콜레스테롤이다. 포화지방과 트랜스지방이 혈중 콜레스테롤을 쉽게 상승시키기도 하지만, 콜레스테롤이 많이 함유된 달걀을 먹는 것에 비할 수가 없다. 알이 큰 달걀은 대략 콜레스테롤을 평균 215밀리그램 함유하고 있다. 결국 달걀 하나가 하루 콜레스테롤 섭취 권장량을 거의 모두 채우는 것이다. 여기에 다른 육류를 섭취하면 콜레스테롤의 섭취량은 더 많아질 수밖에 없다. 건강한 심장을 원하는 사람들은 하루에 달걀 1개 이상을 먹어서는 안 된다는 이야기다.[38]

그렇다면 이렇게 1개 이상(작은 달걀 2개라 치자) 먹으면 하루의 권장기준을 상회하는 경우, 그래서 달걀의 섭취를 제한하면 업계는 어떻게 될까. 정부는 이런 문제를 우회하려 한다. 그래서 콜레스테롤의 경우는 그 섭취량을 줄이라는 데에만 강조점을 둔다. 달걀이라는 단어보다는 콜레스테롤로 표현하여 줄이라는 문구만 넣은 것이다. 소비자들은 무엇을 얼마나 먹어야 이 양을 넘는지 알 수가 없다. 굳이 알려고 하면 알 수도 있겠지만, 사람들은 달걀 노른자에 그렇게 많은 콜레스테롤이 함유되어 있음을 간과하고 만다.

이처럼 음식 이름을 피하고 영양소로 설명하는 가이드라인 때문에 혼란에 빠지는 것은 소비자다. 가이드라인을 통해 온통 영양소 이름을 접하게 된 소비자들은 음식을 고르고 조리할 때 영양소의 함량에 민감해지게 되었다. 그러면서도 정확하게 이해하고 있지 못해 혼란은 더욱 가중된다. 사람들은 그래서 결국 이해하기를 포기한다. 그냥 줄이라는 것 외에는 말이다.

이해할 수 없는
음식 피라미드

이번에는 일반 시민의 교육을 위해 제시되는 가이드라인을 살펴보도록 하자. 앞서 설명한 '식이 가이드라인'과는 달리 일반인의 교육을 위해 사용되는 가이드라인의 명칭은 시대에 따라 변한다. 일반인을 위한 가이드라인은 1992년에 처음 등장하였는데, 이때 사용된 용어는 '음식 가이드 피라미드Food Guide Pyramid'였다. 약 10여 년이 지난 2005년에는 이 명칭과 함께 교육내용의 대폭적인 개정이 이루어졌으며, 이때 등장한 명칭은 '나의 피라미드MyPyramid'였다. '나의 피라미드'는 다시 6년 만인 2011년 '나의 접시MyPlate'로 이름이 바뀌었다.

음식을 먹는 데 왜 피라미드라는 단어가 등장했을까. 간단하다. 피라미드라는 건축물의 모양은 아래가 넓고 위로 올라갈수록 좁고 뾰족하다. 이번에는 여러 가지 식품을 종류별로 상상해보자. 식품을 네 가지로 분류하여 곡류군, 채소·과일군, 육류·유제품군, 지방·기름·설탕군으로 나눌 수 있다. '음식 가이드 피라미드'는 하루에 어떤 식품군을 얼마나 섭취해야 하는지를 그림으로 보여주는 교육자료다. 그래서 피라미드를 높이 수준으로 나누어 네 부분으로 나누고, 가장 넓은 맨 아랫부분부터 각각 곡류군, 채소·과일군, 육류·유제품군, 지방·기름·설탕군으로 채우며 올라간다. 결국 이 그림은 하룻동안 사람들이 섭취해야 하는 다양한 식품 종류를 그 양까지 가늠할 수 있게 보여주는 것이다. 피라미드의 맨 아래 식품군, 그러니까 곡류군을 많이 섭취하고 기름과 지방, 설탕은 상대적으로 아주 적은 양을 섭취하라는 교육자료인 것이다.

이렇게 미 농무부가 첫선을 보인 '음식 가이드 피라미드'는 미국 정부가 펼치는 식이 정책을 일반인이 쉽게 이해하고 따르게 하도록 만들어진 것이다. 문제는 여기서도 과학적 근거나 논리는 상당히 약해지고 업계의 로비가 강해졌다는 것이다.

정부의 가이드라인은 설탕과 육류를 '덜 먹으라'고 직접적으로 표현하지 못했다. 해당 업계의 반발 때문이다. 그러면 '더 먹으라'는 지침은 어떨까? 이는 해당 업계에서 환영받을 문구일 것이다. 그러나 결국 '더 먹어라'도 문제를 일으키긴 마찬가지다. '더 먹으라'는 권장사항에 해당하는 채소와 과일을 통해 무엇이 문제인지 알아보자.

미국 정부는 '음식 가이드 피라미드'에서 지속적으로 '더 많은 채소와 과일을 섭취하라'는 문구를 사용하고 있다. 채소와 과일을 많이 섭취하라는 것은 명확한 과학적 근거에 의한다. 다양한 종류의 채소와 과일을 먹으면 심장질환과 몇몇 종류의 암에 효과가 있을 뿐 아니라 여타 건강상의 이득을 얻을 수 있다는 것이 잘 알려져 있기 때문이다. 실제 생활에서도 이러한 증거는 허다하게 나타난다. 과일과 채소를 주식으로 하는 아시아와 지중해 연안 국가들에서 심장병이 덜 발병하는 것도 그러한 이유에 근거한다고 학자들은 믿고 있다. 또한 하루에 채소와 과일을 5회5 servings 이상 섭취하면 2회 섭취하는 것에 비해 암 발생 위험이 반으로 줄어든다는 것도 강조된다. 과일과 채소는 질병을 예방하는 갖가지 비타민과 미네랄을 포함하고 있으며 식물성 화학물질과 섬유질을 가지고 있다. 칼로리도 낮다. 그러니 정부가 많이 섭취하라고 권하는 것이 나쁠 일은 하나도 없다.

더 많이 먹는 것이 건상상의 이득을 가져오며, 실제로 가이드라인에서도 많이 먹으라고 권장했는데도 문제가 발생했을까? 그렇다. 실제로 미국인은 농무부가 권장하는 것보다도 훨씬 적은 양의 채소와 과일을 섭취하는 것으로 나타났다.[39] 왜 그랬을까. 이유는 다양하게 제시되었다. 먼저, 미국인이 채소와 과일을 싫어하기 때문일 수 있다. '회serving'가 되었든 '컵cup'이 되었든 좋아하면 더 많이 먹을 것이기 때문이다. 또는 단지 귀찮기 때문일 수도 있다. 어떤 과일은 껍질을 벗겨 먹기가 귀찮고, 대부분의 채소는 씻어 먹기가 그리 만만하지 않으니 말이다. 가격 대비 열량이 떨어지고 심지어 먹어도 배가 부르지 않거나 포만감이 느껴지지 않기 때문일 수도 있다. 가격으로 따지자면 고기보다 비싸다고 생각할 수도 있을 것이다.

그런데 이런 다양한 이유 중에 과일과 채소의 소비를 막는 요인이 가격일 수 있을까? 다시 말해 정말로 과일과 채소가 비싸서 미국인들의 먹는 양이 권장량을 채우지 못하고 있는 것일까?

그렇지는 않아 보인다. 2005년에 발표된 한 연구에서 연구자들은 미국인이 실제로 자주 구입하는 50개 이상의 과일과 채소를 먹을 수 있는 부분만 손질하여 그 양을 측정해보았다. 그랬더니 당시 '음식 가이드 피라미드'에서 권장한 하루 평균 과일 3회, 채소 4회의 섭취 수준을 만족하는 양의 가격은 단지 64센트(1999년 기준)에 불과한 것으로 드러났다. 미국 정부가 권장하는 채소와 과일의 섭취량을 모두 만족하는 데 1달러를 넘지 않았다는 것이다. 그러니 가격이 소비량을 제한하는 요인은 아니었던 것이다.[40]

문제는 '회'와 '컵'이라는 용량에 대해 대부분의 사람들이 정확하거나 통일된 개념을 가지고 있지 않았다는 데 있다. 1992년판 '음식 가이드 피라미드'는 채소와 과일은 각각 3~5회와 2~4회 섭취하라고 권장하였다. 2005년 개정된 '나의 피라미드'에서는 채소를 하루 5컵, 과일을 하루 4컵 섭취하라고 권장하였다. 그런데 일반인의 입장에서 '회'와 '컵'의 양을 권장사항에 부합할 수 있도록 측정할 수 있을까? 권장사항에서 알려주는 양과 사람들이 인식하는 양의 차이로 인해 미국인은 권장사항에 비해 적은 양의 과일과 채소를 섭취하게 되는 것이다.

한편, 실제로 과일과 채소의 가격이 비싸지 않음에도 채소와 과일의 가격이 미국 서민이 주로 구입하는 가공식품에 비해 비싼 것으로 인식된다. 그렇다면 채소와 과일의 가격은 어떻게 정해지는 것일까? 원천적으로 농산물은 가격을 올리기(부가가치를 높이기)가 참으로 어려운 상품이다. 가격이라는 측면에서 농산물과 청량음료를 비교해보자. 상업적인 가치로 보자면 농산물보다는 청량음료가 더 부가가치가 높은 상품이다. 농산물을 비싸게 만들어 높은 가격으로 팔기보다는 똑같은 노력과 투자를 청량음료에 하면 더 많은 이득을 취할 수 있다는 말이다. 음료는 신제품을 만들고 유명 연예인을 동원해 브랜드 인지도를 높이면 더 많이 팔 수 있다. 더 많은 사람들이 구매할수록 브랜드 가치가 높아진다. 반대로 농산물을 잘 가꿔서 상품의 가치를 높인다 해도 더 많이 파는 데는 한계가 있다. 농산물의 수요는 비탄력적이기 때문이다. 어떤 쌀의 품질이 더 좋다고 해서 그 쌀로 만든 밥을 매끼 두 그릇씩 먹게 되는 게 아닌 것이다.

또한 농산물은 품질은 기존의 다른 생산물에 비해 더 높은 것으로 보이기도 쉽지 않아 비싼 가격을 매기는 데에도 한계가 있다. 좋은 호박 종자를 구입해서 잘 키워 양질의 호박을 출시한들, 소비자의 눈에는 다른 호박과 그리 다르지 않으면서 값만 비싼 호박으로 보인다는 것이다. 이에 반해 제조음식들은 같은 가격을 투자하고도 인지도를 더 높임으로써 가격의 측면에서도 수요의 측면에서도 더 많은 이윤을 얻을 수 있다. 추가적으로 농산물은 보관과 유통이 힘든 데 비해 제조음식은 이러한 단점이 거의 없는 편이다. 그러니 당연히 농산물은 제조음식에 비해 큰돈이 되지 않는 것이다. 이런 이유로 농업은 생산물의 가치를 향상시키기 위한 자본 투자가 부족하게 된다.

그리고 유통업계가 생산에서 소비자까지 도달하는 과정에서 가장 큰 이득을 차지하게 된다. 미국인이 채소와 과일에 접근하기보다 고기와 제조음식에 더욱 쉽게 다가갈 수밖에 없는 구조를 만드는 것이다. 농업은 결국 가난하고 영세하고 독립적이라 이들의 경쟁은 소비자를 향하는 것이 아니라 다른 농부나 농산업체를 향할 수밖에 없다. 농산물은 근본적으로 제조음식과 경쟁이 되지 않는다. 특히 채소와 과일 경작은 더더욱 그러하다. 경제적인 논리에 의하면 게임 자체가 성립될 수 없는 것이다.

그러니 채소와 과일을 많이 섭취하려 해도 미국인들은 어느 정도를 먹어야 하는 것인지 혼란스러울 뿐 아니라 채소와 과일이 영양적으로나 가격적으로 효과적이거나 경제적인지를 판단

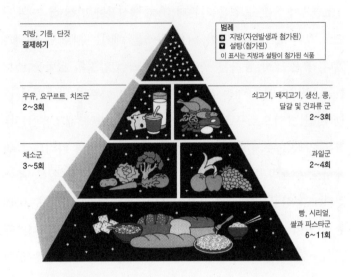

범례
■ 지방(자연발생과 첨가된)
☑ 설탕(첨가된)
이 표시는 지방과 설탕이 첨가된 식품

지방, 기름, 단것
절제하기

우유, 요구르트, 치즈군
2~3회

쇠고기, 돼지고기, 생선, 콩,
달걀 및 견과류 군
2~3회

채소군
3~5회

과일군
2~4회

빵, 시리얼,
쌀과 파스타군
6~11회

〈그림 1〉미국 농무부가 제시한 음식 가이드 피라미드

하기 어렵게 되는 것이다. 그래서 더 많이 먹으라는 정부의 권
장에도 불구하고 소비자의 채소와 과일 섭취량이 늘어나지 못
하는 것이다.

가이드라인의 진화 과정에서 지방의 섭취도 대중의 혼란을
야기한다. 1977년 미 의회의 청문회 이후 미국인을 위한 가이
드라인은 줄곧 지방의 섭취를 '적당량moderately'으로 표현하였
고, 포화지방이나 콜레스테롤의 섭취를 줄일 것을 당부하였다.
그러니까 1980년과 1985년판 식이 가이드라인에서는 식이에
포함된 지방의 양을 특정하게 표시하지 않았던 것이다. 그러나
이러한 권장사항은 과다한 지방의 섭취를 지양하는 것이 아닌,

지방 섭취 자체를 멀리하라는 것으로 잘못 인식되었다. 이로 인해 1990년 미 의회 위원회는 에너지 총섭취량의 30퍼센트를 넘지 않는 선에서 지방을 섭취하는 식이권장을 가이드라인에 명시하도록 하였다. 동시에 에너지 총섭취량의 10퍼센트 미만 의 포화지방을 섭취할 것을 제시하였다. 이는 '저지방, 저포화 지방, 저콜레스테롤 식이a diet low in fat, saturated fat and cholesterol' 로 표현되었다. 그리고는 2000년에 들어서 지방 섭취는 '분별 있게 선택하는choose sensibly' 항목에 포함된다. 약 30년의 시간 동안 점차적으로 적은 양의 지방을 섭취하라는 얘기를 한 것으 로 보이기도 하지만, 소비자들의 혼란은 가중되기만 하였다.

〈그림 2〉 미국 농무부가 제시한 나의 접시

〈그림 3〉 한국영양학회가 제시한 식품 구성 자전거

　2005년 기존의 '음식 가이드 피라미드'가 '나의 피라미드'로 변했다가 다시 6년 후 '나의 접시'로 바뀐 배경과 내용은 다음과 같다. '음식 가이드 피라미드'는 채소와 과일의 사례에서 보듯이 실제적 효용성의 한계가 갈수록 드러났고, 또한 시대가 바뀌면서 새로운 교육내용을 추가할 필요성이 대두되었다.

　특히 미국에서 건강 관련 정부 정책의 주된 초점은 비만 인구였다. 농무부도 이에 부응하여 새롭게 개정된 '나의 피라미드'에는 '신체 활동physical activity'를 첨가하였다. 그러니까 이전에는 건강을 위해 무엇을 어떻게 먹어야 하는가에만 초점을 두었다면, 이제는 먹는 것과 움직이는 것을 동시에 고려해서 신체를 관리하고 건강을 유지하라는 메시지를 전달하게 된 것

6장　영양 권장사항은 과연 믿을 수 있을까

이다. 그러나 '나의 피라미드'는 식품군별 섭취 비율을 이해하기 어렵게 만들어졌다는 불평을 많이 받았다. 거기에 신체 활동까지 추가로 첨가했으니 사람들이 이해하기는 더욱 혼란스러웠다. 농무부는 '나의 피라미드'를 만든 지 채 6년이 지나지도 않아 다시 '나의 접시'로 그림을 바꾸어 대민 홍보와 교육에 나선다.

'나의 접시'는 하룻동안 어떤 식품군을 얼마나 먹을 것인가를 도식으로 보여준다. 도식의 바탕을 피라미드에서 접시로 바꾸고, 접시에 파이그래프 형식으로 하루에 필요한 식품군을 표현한 것이다. 그리고 그 옆에는 한 컵의 우유가 놓여 있다.

우리나라의 경우를 보자. 한국영양학회의 공식 사이트에 들어가보면 '한국인 영양 섭취 기준'(2010)을 제시하고 있다. 미국으로 치자면 대략 '식이 가이드라인'쯤으로 볼 수 있다. 또한 '식품 구성 자전거'(2010)를 제시하고 있는데, 이는 미국의 '나의 접시'에 상응하는 것으로 볼 수 있다. '식품 구성 자전거'는 자전거를 타고 있는 사람의 도식이다. 자전거의 뒷바퀴는 '나의 접시'와 같이 파이그래프 형식으로 섭취해야 하는 식품군을 비율로 표현하고 있으며, 앞바퀴는 한 잔의 물을 그려놓았다. 뒷바퀴가 계속적으로 돌아가는 것은 사람이 활동하고 있음을 반영하는 것 같다.

영양 권장사항,
과학이 아니라 돈과 정치의 결과물

'음식 가이드 피라미드'로부터 '나의 접시'까지 영양 권장사항들이 최신의 과학적 정보들을 바탕으로 최고 학자들의 의견 개진과 동의에 의해 최선책으로 선정된 것으로 생각한다면 오산이다. 오히려 여러 가지 과학 정보들을 교묘히 돌려 그 사실이 현장에서는 왜곡되어 알려지게 만들기까지 한다. '나의 접시'처럼 일반인을 위해 만들어진 영양 권장사항은 대부분의 사람들이 따르고 있으며 교육용 자료로 사용되기도 한다. 문제는 이 가이드라인이 갖는 파급력이 큰 탓에 오히려 미국 식품업계의 상품을 선전하는 도구가 되곤 한다는 것이다. 가장 극명한 사례가 육류다.

대부분의 의학자, 과학자, 영양학자들은 건강을 위해 육류 섭취를 줄여야 한다고 강조한다. 그럼에도 육류는 주요한 식품군으로 자리 잡고 있으며 영양 권장사항에서는 빠지지 않고 섭취가 권장되는 식품이기도 하다. '음식 가이드 피라미드'에서 육류는 가금류, 생선, 콩, 달걀, 견과류와 동일하게 단백질군에 속한다. 육류로 섭취되는 단백질과 콩류의 식물성 단백질을 한데 묶어 영양 권장사항을 작성한 것이다. 그러다가 2005년의 '나의 피라미드'에서는 단백질군으로 분류되는 육류와 콩류를 한데 묶어 어떻게 먹을 것인가를 제시한다. "육류와 콩류: 기름기 없는 단백질로Meat & Beans: Go lean with protein." 이 문장은 육류를 콩류와 동급으로 취급하면서 기름기 없는 육류를 권장하는 것으로 들린다. 2010년의 '나의 접시'에서도 이러한 기조는 유지된다. '단백질 식품군'으로 분류되면서 이번에는 다양한 음식군으로부터 단백질을 섭취하기를 권장한다. 그리고 최소한 고기 덩어리의 90퍼센트가 육질로 이루어진 고기나 간 고기를 선택하라고 제시한다. 육류는 피해갈 것이 아니라 콩과 같이 단백질의 주된 공급원이며, 기름기만 제거해서 먹으면 좋다는 뜻으로 들린다.

이런 단어 하나하나, 문장 하나하나는 육류업계에 의한 로비와 고도의 기술적 작품으로 여겨진다. 그러나 육류업계의 이러한 로비와 참견의 역사가 아주 오래된 것은 아니다. 육류업계는 전통적으로 미국 사회에서 굳건한 시장을 확보하고 있다. 충분한 영양 섭취가 보장되지 않았던 1950년대까지만 해도 육류는

부의 상징이었고 건강을 보장하는 지름길로 여겨졌다. 그러나 세기의 중반을 넘으면서 미국 사회는 풍요로워졌고 미국인의 육류 섭취는 증가하였다. 그런데 이 시기에 미국인의 체중 증가와 심장발작 경향이 급상승하게 되었다. 심장학자들은 그 원인을 육류와 포화지방의 섭취에 돌린다. 심장질환이 다양한 원인에 의해 발생하는 것을 알고 있었지만, 그중에서도 혈중 콜레스테롤이 심장병의 주범으로 지목된 것이다. 동물성 지방에는 포화지방이 많았으며, 특히 혈중 콜레스테롤을 높이는 데 직접적인 영향을 미친다는 것은 이미 알려진 사실이었다. 이 상황에서 고기를 적게 먹는 식습관이 권장된 것은 자연스러운 일이었다. 당시 심장질환과 건강에 권위를 가지고 있었던 학자인 안셀 키스Ancel Keys 박사는 1959년에 심장병을 예방하는 방법으로 포화지방의 섭취를 줄이고 소, 돼지, 양고기로 만든 소시지를 제한적으로 섭취하도록 제안했다. 이어서 1961년에 미국심장학회 American Heart Association도 포화지방을 적게 먹고 동시에 포화지방을 포함한 육류를 덜 먹을 것을 권장했다.[41]

그러나 미국심장학회의 권장사항이 육류시장이나 정부의 정책에 영향을 미치지는 않았다. 단지 학회 차원에서 어떻게 하면 심장의 건강을 위해 먹는 것을 선택하고 조절할 수 있을까를 제시한 것에 불과했다. 이런 의견은 육류업계나 정부 관료의 반응도 끌어내지 못했다. 그러나 1977년 이미 설명한 미상원의 영양필요성 상원특별위원회의 청문회와 연이은 '미국의 식이 목표'의 제정은 육류업계의 관심과 반발을 몰고 왔다 (141~143쪽 참조). 육류 섭취에 대한 청문회 보고서의 초안인 "육류의 섭취를 줄인다Reduce consumption of meat"는 표현이 문제로 지적된 것이다. 결국 이 문장은 "포화지방의 섭취를 줄일 수 있는 육류, 가금류, 생선을 선택한다Choose meats, poultry, and fish which will reduce saturated fat intake"는 문장으로 수정되었다. 육류라는 단어보다 포화지방이라는 용어를 사용하며, 육류라는 독자적인 식품을 지목하는 것을 피하며 다른 단백질원과 동등한 위치의 식품임을 강조한 것이다.

1977년 미국 워싱턴 정가에서 벌어진 이 에피소드는 정부와 업계 모두에게 새로운 각성의 계기를 마련했다. 정부는 업계의 심기를 절대 건드리지 말 것, 그리고 업계는 가능한 모든 노력을 기울여 자구책을 마련하고 준비할 것. 물론 그때부터 지금까지 정부는 항상 업계와 타협할 수 있는 여지를 두고 있으며, 업계는 학자들의 이론과 논리에 대응하거나 이들의 연구 활동에 사전에 개입하여 자신들이 원하는 결과를 얻으려 노력하고 있다.

낙농업계의 로비도 만만치 않다. 이번에는 우유를 보자. 미 농무부는 전통적으로 유제품을 하나의 식품군으로 설정하고 있었다. 그 중요성도 인정되어, 저지방 우유의 경우에는 성인이 하루 2회분의 양을 섭취할 것을 수십 년간 지속적으로 권장하였다. 2004년 농무부에 소속된 위원회인 '식이 가이드라인 자문위원회Dietary Guideline Advisory Committee'는 하루에 3컵의 우유를 마실 것을 권장사항으로 내놓는다. 결과는 어떠했을까. 미국의 유제품 소비는 이 권장사항 덕분에 50퍼센트 증가하게 되었다.[42]《월스트리트저널Wallstreet Journal》은 이를 "미국 유제품업계의 성공"이라고 표현했다. 이런 결과는 하루이틀에 걸친 로비로 이루어진 것은 아니다. 유제품업계의 이익단체인 '유제품평의회Dairy Council'는 오랜 기간 연구자들에게 연구비를 지원했다. 그러면서 그들이 원하는 자료와 증거들을 축적했던 것이다. 심지어 이 문구를 뒷받침하고 확정하는 데 결정적인 역할을 하는 '식이 가이드라인 자문위원회'의 몇몇 위원도 유제품업계와 경제적인 연관을 맺고 있었다.

업계의 연구 지원금이 학계의 연구 결과에 어떤 영향을 미치는지 살펴본 연구도 있다. 이 연구는 영양학의 많은 연구 결과들이 그 연구를 경제적으로 지원하는 자금 출처의 입장을 대변한다는 속설이 사실임을 입증하고 있다.[43] 이 연구의 내용은 이렇다. 1999년부터 2003년까지 5년간 발표된 청량음료, 주스, 우유에 관한 연구 206개 중에 '중재 연구intervention study'* 방법

---

* 궁극적으로는 특정 부류의 인구집단에게 적용하기 위해 이들을 대표하는 샘플 인구를 대상으로 수행하는 연구의 형태다. 일반적으로 연구 대상을 그룹별로 나누어, 한 그룹에는 연구 목적에 부합하는 처치treatment를 적용하고, 또 다른 그룹에는 처치를 하지 않고 비교그룹으로 이용한다. 두 그룹을 비교함으로써 처치의 효과가 나타나는가를 확인한다. 예로 '청량음료가 어린이들의 비만을 유발하는가'라는 가설을 연구한다면, 한 그룹에는 청량음료를 공급하고 다른 한 그룹에서 청량음료를 마시지 않도록 하여, 일정 기간 후에 이들의 비만 정도를 평가하는 것이다.

을 사용한 연구들을 검토했다. 살펴보니 기업체의 연구비로 진행된 연구들은 한결같이 해당 식품에 대해 긍정적인 결론을 내린 것이다. 부정적인 결론을 내린 연구는 하나도 없었다. 그리고 기업이 연구비를 지원한 연구의 결과는 다시 기업의 홍보용으로 사용된다. 반면 기업체의 연구비를 받지 않고 진행된 연구에서 식품들에 대한 부정적인 결론이 나온 비율은 37퍼센트였다.

그런데 이런 연구 결과들이 단지 업체의 이득에만 기여하는 것은 아니다. 권장사항을 만드는 위원회에 참여한 학자들은 이렇게 생산된 연구 결과를 사용하기도 하고, 이렇게 연구비를 받았던 학자들이 위원회에 들어가는 경우에는 자신의 연구를 우선적으로 인용한다. 업계, 이익단체, 국회의원으로부터의 로비는 차치하고서라도 학자들은 현존하는 연구 결과와 자신이 알고 있는 연구 결과 내에서 영양 권장사항을 구성하게 마련이다. 이들은 영양 권장사항의 구석구석에 보기 좋게 다음과 같은 문구를 삽입한다. "과학에 근거한science based" "과학적으로 명확하게 나타난science clearly shows" "최근의 과학은the latest science". 그렇다면 이들이 말하는 것처럼 그 결과들은 정말 과학적일까.

다시 유제품의 경우로 돌아가자. 과학자들은 낙농제품의 건강 효과를 제대로 풀지 못하고 있다. 한 예로, 우유는 다양한 성분을 포함하고 있어 구체적으로 어떤 성분이 인간의 건강에 어떤 영향을 미치는지 규명하기가 쉽지 않다. 게다가 우유나 유제품을 섭취하는 사람들의 건강 비결이 우유를 마셔서만은 아니며 당연히 그들이 섭취하는 다양한 음식에 의해서도 영향을 받는다. 그러나 유제품의 효과 여부에 관한 연구 결과는 해당 업체들의 사활이 걸린 문제다. 당연히 유제품의 효과가 그리 크지 않다는 의견을 제시하는 집단과는 격렬한 논쟁을 벌일 수밖에 없다.[44]

유제품이 식단에서 중요하다고 강조하는 측에서는 다음과 같은 점을 강조한다. 유제품은 미국인의 식사에서 칼슘 공급의 70퍼센트를 차지하고 있으며, 칼슘은 뼈의 가장 중요한 구성물질이라는 것이다. 뼈는 계속적으로 칼슘을 받아들이고 방출하는데, 방출되는 양만큼을 보충하기 위해 우리가 먹는 음식에 칼슘이 절대적으로 함유돼 있어야 한다. 만약 충분한 칼슘이 공급되지 않는다면 뼈는 약해지고 결국 쉽게 부러진다는 것이다. 그리고 뼈에서 손실되는 칼슘을 보충하기 위해 하루에 최소한 1그램의 칼슘을 섭취해야 한다고 주장한다.[45] 유제품만이 다른 음식의 추가적 보충 없이 필요한 칼슘을 제공할 수 있다는 것도 강조한다.

반론 측은 다음과 같은 내용을 통해 이런 주장에 반박한다. 뼈는 칼슘만으로 이루어져 있지 않으며, 뼈의 강도는 필수영양소들의 도움에 의해 유지된다. 뼈의 강도를 결정하는 것은 다양한 요인이라는 것이다. 예를 들어 단백질, 인, 나트륨은 뼈에서 칼슘 배출을 조장하고, 반대로 마그네슘, 칼륨, 비타민D, 락토스 등은 칼슘 재흡수를 돕는다. 또한 술과 담배를 하는 사람들은 뼈가 약해진다. 따라서 뼈의 강도는 단지 칼슘의 섭취량에 달린 것이 아니라 총체적인 식이 습관과 행위에 의존한다는 것이다.[46] 이들은 유제품을 많이 섭취하지 않는 문화에서, 심지어 권장사항보다도 적은 칼슘을 섭취함에도 불구하고 뼈 골절률이 상당히 낮다는 연구 결과도 제시한다.[47] 왜 이런 현상이 나타나는지는 아직 확실하게 밝혀지지 않았지만, 최소한 이러한 결과들에 근거해 칼슘균형은 다양한 원인에 기인한다는 결론을 내리고 있는 것이다.

이들의 입장은 분명하다. 자신이 좋아서 유제품을 선택하여 먹는 것은 분명 권장할 일이지만, 그것이 영양적 필수사항은 아니라는 것이다. 소는 젖을 뗀 다음에는 우유를 먹지 않는다. 소들은 평생을 풀만 먹고 살지만 그럼에도 350킬로그램 이상의 체중을 지탱할 수 있다. 소는 초식동물이며 풀에는 미량의 칼슘만이 포함되어 있다. 그러나 소들은 이 미량이나마 잘 모아 자신의 뼈에 축적시킨다. 인간도 과일, 채소, 곡류 등을 충분하게 먹는다면 유제품을 섭취하지 않고도 건강한 뼈를 가질 수 있으며, 그러니 유제품이 필수식품은 아니라는 것이다.

이번에는 마가린을 보자. 영양 권장사항에서 마가린만큼 꼬이고 꼬인 음식이 있을까. 앞서 설명한 바와 같이 미국의 심장학자들은 제2차 세계대전 이후 미국인의 관상심장질환 발병

비율이 급증함을 관찰하였다. 그래서 사람들의 일상적인 활동과 그들이 섭취하는 음식에서 그 원인을 찾았다. 결국 포화지방산이 많이 포함된 음식이 혈중 콜레스테롤을 높이고 관상심장질환의 위험을 높이는 것으로 결론짓는다. 포화지방산은 육류와 유제품에 많았고, 특히 버터의 50퍼센트 이상은 포화지방산으로 이루어져 있는 것에 주목한다. 사람들은 자연스레 마가린에 눈을 돌리게 된다. 버터보다 싸지만 부분적 경화를 통해 버터와 유사한 맛과 감촉을 보이는 마가린은 포화지방산 비율이 고작 20퍼센트에 불과했던 것이다. 포화지방산을 절반밖에 가지고 있지 않은 마가린 섭취는 당연히 버터에 비해 상대적으로 건강에 도움이 되지 않을까 여겨지게 되었다. 1950년대에만 해도 아무도 트랜스지방의 존재에 대해 모르고 있었으니 말이다.

그럼에도 마가린은 항시 주의대상이었다. 비록 버터에 비해 포화지방산의 양이 적게 포함되어 있을지라도 여전히 기름기가 많은 것이었기 때문이다. 1958년 미국심장학회의 영양 고문은 버터 섭취량을 줄이는 것이 포화지방을 피하는 좋은 방법이라고 제안하는 동시에, 올레오마가린이나 경화 쇼트닝을 사용하여 만들어지는 음식들(튀김요리나 토스트 등)이 심장 건강에 좋지 않을 것임을 참고하는 대목에서도 마가린에 대한 경계를 엿볼 수 있다.[48] 마가린 역시 피하라는 것이었다. 10년 뒤인 1968년에도 미국심장학회는 과다하게 경화시킨 마가린이 혈

6장 영양 권장사항은 과연 믿을 수 있을까

중 콜레스테롤을 낮추는 데 도움을 주지 못한다고 발표하였다. 2000년에 이르러 미국심장학회는 트랜스지방의 위험성을 경고하고 트랜스지방으로 만들어진 음식들을 주의할 것을 당부하였다.[49] 늦은 감이 없지 않지만, 트랜스지방의 위험이 알려지기 시작하면서 트랜스지방이 포함된 음식, 특히 마가린의 사용에 대한 경고를 직접적으로 하게 된 것이다.

과학에 근거한다는 것은 이처럼 항상 당시 알려진 사실에 기준을 둘 수밖에 없다. 마가린에 대한 관심과 경계와 경고의 과정에서 우리는 그 예를 본다.

개인을 고려하지 않는
영양 권장사항

인간의 몸은 먹는 것에 의해 모든 것이 결정된다. 그래서 많이 먹으면 살찌고 적게 먹으면 살이 빠진다. 그러나 섭취한 먹을거리의 양과 체중의 증가가 항상 우리가 알고 있는 것처럼 비례하여 진행되지는 않는다. 어떤 사람은 원하는 대로 가리지 않고 자신이 먹고 싶은 만큼 먹고도 날씬함을 유지하는가 하면, 어떤 사람은 의식적으로 주의해가면서 먹고도 항상 건강 수치들에 문제가 있음을 한탄한다.

영영학자들이 제시하는 식단에 따라 음식을 골라 먹는다면 과연 건강은 보장될까. 반대로 영양학자들이 권장하는 것과 다르게 먹는다면 건강이 더 나빠질까. 체중과 다이어트 또는 음

6장 영양 권장사항은 과연 믿을 수 있을까

식과 체중에 관심이 많았던 사람들이라면 영양학자들이 말하는 것들이 모두 맞아떨어지지 않는다는 사실을 경험으로 잘 안다. 그렇다면 우리가 알고 있는, 그리고 과학적이라고 하는 지식이 왜 현실에서는 그대로 나타나지 않는 것일까. 그 이유는 다음과 같은 두 가지 이유 때문일 것이다. 첫째, 음식에 대한 인간의 반응은 개인의 유전적 차이와 대사능력의 차이에 따라 저마다 달리 나타나기 때문이다. 두 번째 이유는 역설적이게도 바로 영양 권장사항이라는 특정한 가이드라인의 존재 때문이다.

먼저, 개인의 차이에 대해 알아보자. 개인적 차이란 간단하다. 우리가 알고 있는 모든 지식이 개개인에게 똑같이 적용되지 않는다는 것이다. 지구 땅덩어리 위에 너무도 다양한 사람들이 너무도 다양한 음식을 먹고 있기 때문이기도 하지만, 사람들이 먹은 음식의 건강 효과는 유전, 학력, 수입, 체력, 문화, 심리 상태, 생리적 상태, 나이, 기존의 건강 상태 등 다양한 요인에 의해 영향을 받기 때문이다. 그러니 영양학 연구에서 과학적 불확실성이 나타나는 것이 그리 놀랄 만한 일도 아니다. 우리가 현재까지 알고 있는 그 많은 과학적 증거 또는 과학적 정보라는 것은 모두 일반화된 정보와 근거들이다. 한 사람 한 사람에게 꼭 들어맞는 정보가 아니다. 모든 사람의 얼굴과 키가 다르듯이, 음식에 대한 사람들의 반응과 적응 방식도 모두 다르다.

소화 능력을 예로 들어보자. 어떤 사람은 먹은 것을 거의 다 소화해서 체내로 흡수하고 활용하는 한편, 어떤 사람은 소화 능력이 떨어져 먹은 것을 모두 흡수할 수 없는 경우가 있다. 이런 경우, 같은 식단의 음식을 먹었다 하더라도 두 사람이 같은 양의 칼로리를 먹은 것이 아니다. 입으로 먹은 것과 몸이 섭취한 것이 다른 것이다. 같은 사람이 먹는다 해도 흡수되는 양은 때에 따라 다르다. 어떤 날에는 먹은 것을 모두 소화·흡수하는가 하면, 때로는 정신적 스트레스나 장의 활동에 이상이 생겨 똑같은 양의 음식을 먹었어도 훨씬 적은 칼로리를 흡수할 수밖에 없다. 개개인의 차이와 날마다의 차이에 따라 칼로리와 영양소 섭취량과 소비의 양은 항상 다른 것이다.

음식과 영양에 대한 개인의 반응 차이 때문에 영양학자들은 인체의 실상과 영양 권장사항이라는 공식적인 지침 사이에서 알게 모르게 갈등을 느낀다. 영양 문제에 있어서 베테랑이라고 하는 이들도 구체적인 영양 권장사항을 개개인에게 처방해주는 것은 그리 쉽지 않다. 그렇다고 아무 얘기도 안 할 수는 없다. 그래서 많은 전문가들이 적게 먹고, 많이 움직이고, 가능하면 과일, 곡류, 채소를 먹고, 기름진 음식이나 인스턴트식품 또는 정크푸드를 먹지 말라는 단순한 제안을 하고 만다. 사실 우리 사회에는 많은 영양정보들이 다양하게 돌아다니지만, 잘 분석해서 정리하면 다음의 몇 가지 제안사항이 그 골자이며 전부라고 할 수 있다. 예전부터 그러했으며 앞으로도 이 내용이 변할 가능성은 상당히 적다. 과학적 지식으로도 더 이상 추가적으로 제안할 것이 없어 보인다.

첫째, 가능한 한 적게 먹으라는 것이다. 이는 칼로리가 낮게 유지되도록 적은 양의 음식을 먹고, 끼니 사이의 간식을 줄이라는 것으로 해석할 수 있다. 둘째, 많이 움직이라는 것이다. 이는 먹은 양에 상응하는 에너지를 신체 활동을 통해 소비하라는 뜻이다. 셋째, 과일, 곡류, 채소를 잊지 말고 섭취하라는 것이다. 이는 이 음식들에 포함된 다양한 영양소가 우리가 알고 있지 못한 많은 이로움을 준다는 것으로 해석할 수 있다. 넷째, 정크푸드를 피하라는 것으로, 영양적 가치가 적은 음식은 식단에서 제거하라는 의미다. 정크푸드란 공정을 거쳐 만들어진 단 음식과 스낵들로서, 이 음식 속에는 과다한 소금과 설탕 그리고 인공감미료가 포함되어 있다. 청량음료는 대표적인 정크푸드로, 단맛을 첨가했지만 영양소는 거의 함유하고 있지 않다. 이 권장사항이 듣기에는 상당히 구체적일 수 있고 내용이 알찬 것으로 보일 수 있겠으나 실상을 알면 새롭거나 신선한 내용은 아니다.

사람들은 많은 영양학자들과 연구자들이 상당 기간의 노력을 경주하여 이런 권장사항이 등장했을 것이라고 생각한다. 사실 그렇다. 많은 연구에 의해 나타난 결과를 정리한 것이다. 그리고 이런 지침을 따르면 우리가 건강을 지키는 데 상당한 도움을 받을 수 있을 것으로 생각한다. 그렇다. 이 지침들은 많은 사람이 건강해질 수 있도록 도울 수 있다. 그러나 아이러니는, 이 권장사항이 이미 수십 년 전에 제안되고 반복되었으며, 새로 나온 지침들에 전혀 새로운 내용이 없다는 것이다. 이미 50년 전에 심장학자인 키스 박사는 관상심장질환을 예방하기 위한 방법으로 유사한 원리를 제시한 바 있다.[50] 영양학자들과 연구자들은 그 이후 새로운 구체적인 방안을 제시하고 있지 못하고 있는 것이다.

영양 권장사항을
따르면 건강해질까

지금까지 살펴본 것처럼 미국 정부가 내놓은 영양 권장사항
은 결코 순수한 과학의 산물이 아니라 정치와 경제가 이해관
계로 얽힌 조정의 결과물이다. 그렇다고 해도 이런 영양 권장
사항이 국민의 건강에 도움이 되기만 한다면 딴지를 걸 이유가
없을 것이다. 그러나 실제로 미국인들의 경험에 의하면, 영양
권장사항이 결코 더 건강한 식습관으로 이끌고 있지 않은 것으
로 드러났다.

먼저 미국인의 체중을 보자. 비만 예방은 미국 영양 권장사항
의 주된 초점이었다. 미국 정부가 제시한 초기의 영양 권장사
항, 그러니까 '음식 가이드 피라미드'에 의하면 건강하기 위해

서는 저지방 돼지고기, 저지방 과자, 저지방 파스타, 다량의 과당high fructose, 옥수수시럽 등을 먹어야 했다. 과연 이 권장사항을 따라 식단을 짠 미국 사람들은 더 건강해졌을까. 아니다. 좋아지기는커녕 권장사항이 알려지기 전보다 더 나빠졌다. 최소한 체중을 건강의 지표로 본다면 말이다. 실제로 미국의 비만 인구는 영양 권장사항이 발표된 이후 1980년대 들어서면서 폭증했다. 무서울 정도로 증가하는 추세다. 2010년을 넘은 지금은 미국인 세 명 중 한 명은 비만 인구로 분류된다. 그런데 외연적으로 이 추세는 공교롭게도 지방의 섭취를 줄이고 탄수화물을 더 많이 섭취한 식이 경향과 일치한다. 지방을 덜 먹고 탄수화물을 더 먹었음에도 불구하고 미국인의 비만율이 증가일로에 있다는 것을 어떻게 설명할 수 있을까.

양상은 조금 더 복잡해진다. 그러니까 1977년 이후 미국인의 식이에서 지방과 탄수화물이 차지하는 비율이 변화한다. 에너지 총섭취량에서 지방이 차지하는 비율이 감소한 것이다. 수치로 보자면 1977년 에너지 총섭취량에서 지방이 차지하는 비율이 42퍼센트였던 것이 1995년 34퍼센트로 감소하였다. 그러나 이 수치를 그대로 받아들이지는 못한다. 식이에서 지방이 차지하는 비율은 줄었을지언정 그 절대적인 양은 줄지 않은 것이다. 다시 말해 에너지 총섭취량이 증가함으로써 상대적으로 지방의 섭취 비율이 줄어든 것처럼 보일 뿐이다.

같은 기간 미국인은 포화지방산의 섭취는 줄였지만 포화지방산 섭취를 다불포화지방polyunsaturated fat과 트랜스지방으로 대체하였다. 미국인은 붉은 고기 섭취에서 하얀 고기 섭취로 바꾸었지만 절대량의 육류 섭취량은 줄이지 않았다. 즉 미국인은 포화지방산을 줄이는 식이로 전환했지만 고기 먹는 양을 줄이지는 않은 것이다. 그리고 동시에 더 많은 탄수화물을 먹게 되었다.

건강을 위한 식단의 처방이 어쩌다 이런 결과를 낳았을까. 이유가 한두 가지는 아니겠지만 영양 권장사항이 제시한 문구 때문이라고 주장하는 이도 있다.[51] 영양 권장사항의 문구가 좋은 영양소와 나쁜 영양소를 구분했으며, 특정한 영양소를 먹지 못하게끔 권장한 것이 오히려 문제를 일으켰다는 주장이다. 1977년과 1982년의 '식이 가이드라인'이 제시한 영양 권장사항은 간단히 다음과 같이 풀이된다. "저지방 음식을 더 섭취하라Eat more low-fat food." 사람들은 이를 믿고 저지방 음식의 섭취를 늘렸으나, 그것이 더 많은 육류와 탄수화물의 섭취로 이어진 것이다. 결국 영양 권장사항은 현장 적용 단계에서 사람들을 잘못 인도하게 되었다.

영양 권장사항의 문제는 또 있다. 과연 저지방 식이가 우리의 건강을 도모하는가, 그리고 정제음식이 건강에 미치는 영향은 무엇인가 하는 의문이다. 지질가설에 의해 저지방 식사가 우리의 건강을 도모하는 것으로 알려진 적도 있지만, 이는 한정된 상황에서만 사실이다(여기에 대해서는 나중에 다시 구체적으로 언급할 것이다). 저지방 식이를 권장하는 가이드라인이 자연스럽게 더 많은 탄수화물을 섭취하게끔 유도하였고, 이는 미국인의 체중을 증가시키는 데 일조했다는 것이다.[52] 즉 탄수화물이라는 영양소를 지방 대신 많이 섭취하는 한편, 정제된 탄수화물까지 포괄적 의미로 영양소로 오인하고 더 많이 섭취했을 것이라는 주장이다. 가설은 이렇다. 정제된 탄수화물refined carbohydrates의 섭취는 인슐린대사를 방해하여 공복감을 조장한다. 그래서 더 먹게 되고, 인체는 필요 이상으로 섭취한 탄수화물을 지방으로 저장한다는 것이다.[53] 지방을 피하라고 했더니 또 다른 위험한 음식을 먹은 것이다. 여우 피해서 호랑이 굴로 들어간 셈이다.

미국 사회에서 비만 인구와 당뇨 유병률이 급격하게 상승한 것은 명확해 보인다. 지난 30년간 제시된 영양 권장사항이 미국인이 건강한 식사를 할 수 있도록 유도하였다면 이런 결과는 절대 나타나지 않았을 것이다. 그렇다면 이 영양 권장사항으로 인해 미국인이 건강상의 이득을 본 것은 있을까. 수치상으로는 저지방 식이를 권장한 이후 미국인의 심장질환은 현저하게 줄었다. 1969년 이후 약 50퍼센트가 줄었으며, 심장질환 발병의 원인으로 지목되던 콜레스테롤의 수치도 줄었다. 이러한 결과를 두고 하버드대학교의 월터 윌렛Walter C. Willett 박사는 다불포화지방산을 많이 섭취함으로써 심장질환이 줄었으며, 1970~80년대 포화지방산 섭취를 줄인 것이 큰 역할을 했다고 칭송한다.[54] 통계적으로는 그러해 보인다. 심장발작이 줄고, 포화지방산 섭취가 줄고, 콜레스테롤 수치도 줄었다. 과연 이것이 저지방 식이에 의한 결과일까?

학자들은 이러한 주장을 액면 그대로 받아들이지 않는다. 심장질환에 의한 사망률과 유병률은 다른 것이며, 지난 30년 동안 심장질환율이 어떻게 변하였는지에 관해서는 아직 의문이 남아 있기 때문이다. 심장발작에 의한 사망은 현저하게 줄었지만 심장발작에 의한 내원 환자가 줄어들지는 않은 것이다. 또한 1998년 《뉴잉글랜드 의학 저널New England Journal of Medicine》에 의하면 심장질환에 의한 사망의 감소는 식이 조절과 같은 생활의 변화에 의한 것이 아니라 의료 서비스의 발전이나 금연에 의한 것으로 보고되고 있기도 하다. 이러한 사실들을 종합해보면 영양 권장사항은 미국인을 잘못 유도했을 가능성이 높으며, 식이 조절과 교육에 의한 포화지방산의 섭취 감소가 직접적으로 심장병을 줄이는 데 공헌한 것은 그리 크지 않다는 결론이 도출된다. 영양 권장사항이 원래의 뜻대로 사람들을 건강하게 만들거나 기대만큼 건강상의 이득을 가져오지 않는다는 것이다.

7장

건강을 위협한다는
지방의 전설

억울하고
서러운 지방

영양학이 어떻게 진화하였는지를 설명하는 대표적인 예는 지방이다. 지방에 대한 영양학의 해석과 관점의 변천은 인간의 생물학적 건강은 물론 사회문화적 측면에도 많은 영향을 끼쳤다. 그 변천의 과정에서 우리가 경험으로 얻는 지혜는, 온전하지 않은 학문적 정보와 지식의 사용이 얼마나 큰 대가를 요구하는가 하는 것이다. 이번 장에서는 지방에 대한 이야기를 해보자.

현재 지방은 우리의 먹을거리나 식탁에서 가장 천대받는 영양소다. 심장질환과 비만의 주범으로 지목되고 있기 때문이다. 그러나 지방은 결코 지금처럼 괄시받아야 하는 영양소가 아니다. 우리는 지방에 대해 편견을 가지고 있다. 지방에 대한 과장되고 옳지 않은 사실을 믿고 있을 뿐이다. 그 옳지 않은 과장과 편견은 과학이라는 포장과 정부의 영양 권장사항, 식품업계의 선전 그리고 영양학자들의 동조에 의해 형성된 것이다.

지방에 대한 우리 사회의 좋지 않은 눈초리는 상당히 오랜 시간 동안 구축되어왔다. 그 발단은 한 심장학자의 가설, 즉 지방을 많이 먹음으로써 만성질환이 더 잘 일어날 수 있다는 '지질가설Lipid Hypothesis'에서 시작된 것이다. 이 가설은 미국에서 처음 등장하였는데, 미국은 물론 덩달아 다른 나라들까지 이 가설을 정설로 받아들였다. 우리나라의 경우도 그 영향에서 벗어나지 않았다. 그러나 학자들이 30년 이상이라는 시간을 들여 검증한 결과, 이 가설은 사실이 아닌 것으로 증명되었다. 그 기간 동안 미국 전체가 실험실이었고 미국인 전체가 실험 대상자였던 셈이다. 그 가설을 정설로 받아들인 대가를 미국인이 고스란히 감당하고 있다.

그러면 지질가설은 결국 무엇을 남겼을까. 우선 지적할 수 있는 것은, 이 가설을 따랐던 미국인의 식생활이 황폐화되었다는 것이다. 한마디로 미국인의 식습관과 식탁을 망쳐버린 것이다. 두 번째로는, 이 가설을 믿고 따른 미국인의 건강이 긍정적으로 변화하지 않았다는 것이다. 아니 오히려 건강이 더욱 나빠졌을 뿐이다. 이 가설은 자신이 주장한 것과 정반대 방향으로 미국 사회를 끌고 가버렸다. 더 심각한 문제는 이를 되돌리기가 참으로 어려워 보인다는 것이다.

지방과 관련해서 우리가 알고 있다고 생각했던 것들이 실은 사실이 아님을 보여주는 결과들이 하나둘씩 등장하고 있다. 지방이 암을 유발시키는 위험인자이며 심장질환을 일으키는 원인이라는 것은 더 이상 사실이 아니다. 1990년대까지만 해도 건강을 위해 지방을 최소화한 음식을 먹으라는 것이 학계나 사회에서 일반적으로 받아들여진 통념이었다. 저지방 식이가 건강에 좋다는 논조는 특히 하버드대학교의 연구진들이 강조한 것인데, 그 근거가 바로 지질가설이었다. 하버드대학교의 연구진들은 지질가설의 선봉장이기도 했다. 그러나 바로 이들이 2001년 논문에서 "저지방 식사가 건강에 이득을 선사한다는 주장은 과학적 근거가 부족하다"는 결론을 제시하였다.[55] 미 보건부National Institute of Health가 지원한 연구들도 2000년대에 들어서 속속 발표되었는데, 마찬가지 결론을 내리고 있다.[56]

이 논문들은 정부의 중점 지원으로 8년 동안 진행된 '여성 건강 연구'의 자료를 일부 분석하여 발표한 것인데, 지방 섭취가 관상심장질환이나 유방암, 직장암과는 연관성이 없다는 내용이 골자다. 연구에 참여한 사람들의 식습관을 조절하고 기록하면서 장기간 진행된 연구인데, 이와 같은 종류의 연구로는 가장 장기간 진행된 연구다. 이 연구는 50~79세의 폐경 여성들을 대상으로 진행되었는데, 연구 방법은 아주 단순하다. 연구에 참석한 여성들 중에 2만 명에게는 저지방 식사와 함께 더 많은 과일과 채소를 먹게 하였으며, 다른 3만 명에게는 이들이 해오던 일상적인 식습관을 유지하도록 했다. 결과적으로 지방의 섭취와 유방암, 직장암, 관상심장질환과는 아무런 관계가 없음이 드러난 것이다.[57]

이런 결과들은 학자들로 하여금 증거에 입각한 새로운 결론을 형성하게 만든다. 학계는 지방 섭취가 위험한 식이 방법이라는, 특히 심장병에 위험하다는 논조에서 천천히 손을 떼게 되었다. 그러나 이러한 변화를 이끌어내기 위해 참으로 오랜 여행이었다. 그 얘기를 좀 하자.

과학자들이
지방을 지목하게 된 사연

　지방 섭취와 체중, 지방질과 건강, 체중과 건강. 이들의 끈질긴 악연이 시작된 것은 오래전으로 거슬러 올라간다. 그 악연이 어디서부터 시작되었고, 우리 사회가 왜 그토록 지방에 손가락질을 하게 되었는지 알아볼 필요가 있다. 100년 전으로 돌아가자.

　19세기에서 20세기로 들어서면서 인간의 건강에 대한 급격한 시각 변화가 나타난다. 19세기까지만 해도 사람의 생명을 위협하는 것은 결핵이나 인플루엔자와 같은 감염성 질병이었고, 이런 질병은 체중이 적게 나가는 사람에게서 더욱 기승을 부렸다. 당연히 사람들은 건강의 척도로 그리고 장수의 척도로 체중을 이야기했으며, 체중이 많이 나가거나 살찐 사람이 더욱 건강하다고 생각해 선호의 대상이 되었다.

그런데 세기가 바뀌면서 이런 인식은 한순간에 뒤바뀐다. 사회의 거의 모든 부분에서 변화가 나타났으며 사람의 건강에 대한 기준 역시 급속하게 변한다. 의료와 위생의 발달은 감염성 질환을 사회에서 몰아낸다. 마른 사람들에게 잘 나타나던 병들이 점차 사라지게 된 것이다. 도시의 발달과 연료 사용의 증대는 주거환경을 변화시켰으며 열량이 높은 음식들이 공장에서 대량으로 만들어졌다. 적게 먹어도 살아갈 수 있게 된 것이다.

교통과 유통업의 발달은 먹을거리에 대한 사람들의 인식도 바꾸었다. 먼 곳에서 키운 채소, 과일, 생선, 육류가 신선한 상태로 사람들의 저녁 식탁에 오른다. 식품제조 기술의 발달은 음식이 간편하고 저장 가능하다는 개념을 도입하였다. 이제 굶주림과 감염성 질환에 대한 두려움은 사라졌다. 사회가 편리해지고 풍성해질수록 산업화된 사회의 사람들은 점차로 체중이 증가하게 된다. 그러자 외모에 대한 잣대도 바뀌었다. 패션모델에서 나타나듯이, 살찐 사람들보다 마른 사람들이 아름답고 섹시한 이미지로 부각된다. 남성에 대한 평가도 마찬가지로 변한다. 전통적으로 수염과 함께한 남성의 매력은 깨끗한 얼굴과 마른 듯하지만 근육질의 몸매로 대체되었다.

근대의 산업화, 도시화와 함께 사회경제는 다변화된다. 더 많은 화폐가 돌고 돈이 돈을 벌기 시작했다. 금융상품이 등장하였으며, 그중 하나가 사람들의 건강과 생명을 담보로 하는 생명보험이었다. 생명보험은 가입자가 건강할 때 보험료를 납부하고 질병이나 사고로 사망하면 보험금을 지급받는 것이다. 생명보험회사는 가입자가 건강하게 오래 살아야 보험료는 많이 받으면서 보험금은 적게 지급한다. 당연히 그들은 건강한 이들을 가입시키려 했다. 보험 가입 후 질병에 걸려 조기 사망하는 사람들은 생명보험회사들이 원하는 고객이 아니었다.

생명보험회사들은 어떤 사람을 보험에 가입시키고, 어떤 사람의 가입을 막아야 하는지 알고 싶어했다. 따라서 자신이 가지고 있는 고객들의 신상정보를 이용해 어떤 부류의 사람들이 일찍 죽는지, 어떤 부류의 사람들이 더 오래 사는지를 분석하였다. 수학자들과 통계학자들이 보험회사의 의문과 요구를 해소하는 데 일조한다. 고객들의 신체 정보를 이용해 건강한 사람들의 체중과 신장을 통계적으로 분석한 것이다. 그리고 건강하게 장수하는 사람들의 신장과 체중, 그리고 이 두 변인 간의 관계를 표로 만들었다. 이것이 바로 그 유명한 '신장-체중표Height-Weight Table'다.

이 표는 사람들의 일정한 신장에 따라 적정한 평균체중이 어느 정도인가를 보여주는 극히 단순한 정보였다. 그리고 이 평균체중에서 벗어나는 사람들은 더 많은 보험료를 내야 했던 것이다. 이 표와 보험 할증료는 단순한 메시지를 전달한다. '체중이 많이 나가는 사람일수록 일찍 죽는다.' 이 표는 이후 약

80년간 존속하면서 사회의 여러 분야에 체중이 건강에 영향을 준다는 인식을 굳건하게 제시했다.[58] 체중이 사람의 건강에 직결되고 과다한 체중은 건강을 위협할 수 있다는 믿음은 이렇게 탄생하게 된 것이다.

이 신장-체중표가 처음 등장한 19세기 말까지만 해도 사람들은 체중이 많이 나가는 것을 건강상의 위협이나 조기 사망의 원인으로 받아들이지 않았다. 당시만 해도 체중이 많이 나가는 것은 건강의 징표로 믿어졌으며, 사회적으로 과체중과 비만이 세간의 관심을 끌지 못하던 터였다. 아직 마른 사람들이 살찐 사람보다 더 많았다. 사람들은 살찌고 싶어했다. 그러나 전세는 천천히 뒤바뀌고 있었다. 이미 설명한 것처럼 산업화와 도시화와 유통과 식품제조 기술의 발달로 사람들이 점차 무거워지기 시작한 것이다. 여기에 신장-체중표, 학자들의 꾸준한 노력, 가정경제학자들의 노력 등이 가세했다. 사람들은 건강하게 살아가기 위해 어떻게 먹어야 하며, 어떤 영양소를 섭취해야 하는가에 관심을 두기 시작했다. 그리고 식이 습관의 목표는 적정한 체중의 유지에 맞추어졌다.

건강을 보장하는 적정한 체중을 유지하기 위해, 사람들은 영양소를 선별적으로 섭취하면서 칼로리를 조정하는 방식을 택하였다. 영양학은 여기에 기여하였다. 사람들에게 필요한 영양소로 공급하기 위해서 곡류와 유제품 그리고 신선한 채소와 과일 섭취가 필수적이라 설명했으며, 특히 탄수화물을 직접적으로 공급해주는 설탕, 몸을 구성해주는 단백질의 중요성을 강조하였다.[59] 이때 지방은 주목을 받지 못했다. 지방 역시 필요한 영양소로 인정되었지만 체중, 특히 근육이 아닌 지방을 증가시키는 주범으로 의심받았기 때문이다. 게다가 지방은 여타 영양소의 함량이 적고 단지 칼로리만 높았으니, 상대적으로 다른 영양소에 비해 그 중요성이 반감된 것이다. 그리고 지방을 섭취하면 그것이 곧바로 몸의 지방으로 나타날 것이라는 연상이 지방에 대한 사람들의 거부감을 증폭시켰다.

1910년대부터 식단의 지배자가 된 가정경제학자들은 체중 조절과 감량을 위해 지방의 섭취를 최소화하라고 권장하기 시작하였다.[60] 지방 섭취량에 따라 체중, 건강, 사회적 호응도가 달라짐을 강조한 것이다. 지방을 덜 먹는 것이 운동을 통한 에너지 소비보다 경제적으로나 시간적으로 훨씬 효율적이라고 대중을 설득했다. 학자들이 가진 지방에 대한 선입견이 사회적인 편견으로 이어지는 데 공헌한 증거는 또 있다. 지방 섭취에 대한 권장사항이다. 1916년 미국에서 최초로 등장한 '미국 음식 가이드'에는 다섯 종의 음식군, 즉 채소 및 과일군, 단백질군, 곡류군, 지방군, 설탕이 등장한다.[61] 20여 년이 지난 1941년 개정판에는 여기에 지방과 설탕이 아직 남아 있지만 1956년 개정판에서는 사라지고 말았다.

단순히 체중과 연관지어 지방 섭취를 제한해야 한다는 가정경제학자들의 주장은 20세기 중반에 들어서면서 보다 구체적인 정보를 제공하게 되었다. 과다한 지방 섭취가 심장질환이나 암의 발병과 연관되어 있다는 연구 결과들이 등장한 것이다. 그 연구 결과들은 현상적 증거들을 제시하며 신뢰를 얻었다. 예를 들어 미국이나 유럽과 같이 경제적으로 발달한 나라들에서 더 많은 지방을 섭취하고, 이들 국가에서 더 많은 심장질환과 암이 발생한다는 것이었다. 반대로 가난하고 못사는 나라에서는 이들 질환의 발병률이 현저하게 낮다는 것이었다. 나중에 다시 설명되겠지만 이러한 정황적 증거들은 사실과 거리가 멀었다. 그러나 학계는 이 결과들을 수용하였고, 본격적으로 지방에 대한 편견과 연구가 이어졌다.

콜레스테롤의 아버지 키스 박사와
지질가설

지방 섭취가 인간의 건강에 어떠한 영향을 미치는지를 이해하려면 먼저 한 과학자에 대해 알아야 한다. 앞에서도 몇 차례 언급한 안셀 키스Ancel Keys 박사다. 키스 박사는 지방의 전설을 잉태시키고 지질가설을 키워온 아버지이자 거두이며 큰손이다. 카리스마가 상당했을 뿐 아니라 정치력도 대단했던 것으로 알려져 있다.

그는 미국 콜로라도 주의 소도시인 콜로라도스프링스Colorado Springs에서 노동자 계층의 아버지를 두고 태어나 두 살 때 부모와 함께 캘리포니아 주로 이주한다. 가정형편은 풍족하지 않았지만 틈틈이 공부하여 캘리포니아 버클리 대학교에 입학했고,

영국의 케임브리지 대학교에서 박사학위를 받은 후 미국으로 돌아와 하버드 대학교Harvard University에서 수년간 학생을 가르친다. 1940년 미네소타 대학교로 옮겨 생리위생실험실Laboratory of Physiological Hygiene을 설립했는데, 의학이나 보건학을 공부하는 사람이라면 이 실험실이 어떤 역사적 가치를 가지고 있는지 잘 안다. 이 연구소는 당시에는 아직 자리를 잡고 있지 않았던 영양학, 예방의학, 병력학의 연구 성과를 본격적으로 생산하던 곳이다. 더 쉽게는 이 학문 분야들의 본산이자 정신적 지주라 하면 맞을까. 이 연구소는 정부의 요청에 의해 다양한 연구 과제를 수행했는데, 그중 하나가 제2차 세계대전 중에 미군의 야전식량인 케이레이션K-ration을 개발하여 보급한 것이다.

그러나 키스 박사를 학문적·정치적인 거목으로 만든 것은 다름 아닌 하나의 연구 프로젝트였다. 그가 진행한 연구의 주제는 바로 굶주림이었다. 그는 나중에 이 연구에 대해 기록한 한 권의 책을 발간하게 되는데, 제목이 《인간 굶주림의 생물학Biology of Human Starvation》으로, 거의 모든 건강과학 분야의 클래식이 되었다.[62]

그럼 이 연구에 대해 간단히 알아보자. 제2차 세계대전이 끝난 후 전쟁에 휩싸였던 많은 나라에서는 식량 공급이 적지 않은 사회적·정치적 문제로 등장했다. 전쟁을 승리로 이끈 미국은 해방국을 원조하고 굶주림에 시달린 시민들을 구호하는 것이 중대 과제였다. 미국 정부는 키스 박사에게 굶주림이 인간에게 어떤 영향을 미치며, 굶주림으로부터 인간을 구제하려면 어떤 방법을 동원해야 하는가에 대한 연구를 위탁하였다. 키스 박사는 실험에 필요한 사람을 지원해줄 것을 요구했고, 미국 정부는 36명의 대체복무 인원을 배정하였다.

키스 박사는 이들이 통제된 기숙사 생활을 하도록 하면서, 평소에 먹어왔던 음식의 절반, 정확하게는 그전에 일상적으로 섭취하던 열량의 반에 해당하는 음식만을 먹게 하였다. 인위적으로 사람을 굶주림에 허덕이게 한 것이었다. 그리고 나중에 다시 정상적인 식사량을 공급하면서 이들이 회복하는 과정을 관찰하였다. 실험은 6개월 동안 지속되었다.

이 연구를 통해 키스 박사는 몇 가지 결론을 얻게 되었다. 그 첫 번째는 굶주림에서 회복할 때에는 이전의 정상적인 상태에서 먹던 것보다 더 많은 양의 칼로리를 공급해주어야 한다는 것이다. 두 번째는 칼로리와 함께 비타민제를 보충적으로 제공해야 한다는 것이다. 세 번째는 많은 양의 단백질이 수개월에 걸쳐 공급되어야 한다는 것이다. 이 결론은 이후 미국의 국제 원조 계획의 기본 방침으로 사용되었다.

학계에서 키스 박사를 떠올리게 하는 연구가 《인간 굶주림의 생물학》이라면, 보통 사람들에게 키스 박사를 확실히 인식시킨 계기는 따로 있다. 바로 콜레스테롤이라는 단어다. 그렇다. 콜레스테롤을 대중에게 처음으로 소개하고 그 심각성을 각인시킨 장본인이 키스 박사다.

의사들과 학자들은 말할 것도 없이 운동 전문가나 지도자, 영양사, 심지어 평범한 가정주부와 아이들까지 콜레스테롤이라는 단어를 익히 알고 있다. 우리가 살면서 얼마나 많은 화학물질의 단어를 암기하고 있는지 따져보면, 이 낯선 단어를 사회 구성원 거의 전부가 알고 있다는 것이 그저 신기할 따름이다. 그럼에도 우리는 콜레스테롤이 어떤 물질이며 우리 몸에서 어떠한 작용을 하는지 잘 모른다. 그저 콜레스테롤 수치가 높으면 심장혈관에 좋지 않다는 것, 거기에 좀 안다 치면 그 수치가 200이 넘으면(단위도 모른다. 그냥 200으로 알고 있다. 단위는 mg/dL이다) 건강을 위협하는 높은 수치라는 것, 그게 전부다. 이제 팔순이 넘으신 우리 어머니가 함께 외식을 할 때 으레 하시는 말씀이 "나 콜레스테롤 높아져서 그거 많이 못 먹는다"다. 그리고 기름진 음식을 되도록 피하신다. 이 단어 모르면 간첩이다. 아니 이제 간첩의 시대는 지났으니 다른 것으로 가자. 이 단어 모르면 스마트폰이 뭔지도 모르는 사람이다.

사실 콜레스테롤이 심장병과 연관 있음을 처음 소개한 사람은 키스 박사가 아니다. 콜레스테롤이라는 물질과 건강의 관계는 1913년 러시아의 과학자에 의해 처음 소개되었다. 이 러시아 학자는 순수하게 정제된 콜레스테롤을 토끼에게 먹였고, 그 결과 이 토끼에게서 인간의 혈관에서 나타나는 동맥경화증 atherosclerosis 현상과 같은 플라그plague가 형성되는 것을 관찰하게 되었다. 플라그는 마치 혈관에 때가 낀 것과 같은 형상인데,

플라그가 혈관벽에 축적되면 혈관의 기능이 상실되는 결과를 가져온다. 그러나 이 연구 결과는 학계의 관심을 끌지 못했다. 세기가 바뀔 당시 아직까지 심장질환과 혈관질환이 사회적인 이슈나 관심거리는 아니었기 때문이다.

키스 박사는 바로 이 콜레스테롤이라는 물질을 다시 꺼내 들었는데, 20세기 중반 지방 섭취, 체중 증가, 심장질환이라는 사회적 이슈와 맞물려 대중의 관심을 끌게 되었다. 그리고 나중에 명명된 지질가설의 근간이 되었다. 이제 지질가설의 속내를 알아보자.

지질가설이란 다음과 같다. 포화지방을 많이 섭취하면 핏속에 콜레스테롤의 수치가 증가한다. 핏속에 포함된 콜레스테롤의 수치가 과다하게 높아지면 이 물질이 심장혈관 벽에 축적된다. 이 물질이 축적된 혈관은 딱딱하게 굳거나 괴사하게 된다. 그러면 심장 근육에 공급되는 혈액이 줄어들거나 혈관이 막히고, 그래서 협심증과 심근경색을 유발한다는 것이다.[63] 이는 글자 그대로 가설이었다. 그런데 어떻게 사람들은 한동안, 그리고 아직까지 이 가설을 철석같이 믿게 되었을까.

키스 박사가 지방 섭취량과 심장병에 의한 사망의 관계를 제시한 때는 1953년이다. 그의 연구 결과는 간단 명료하게 제시되었는데, 사람들이 먹는 음식에서 지방이 차지하는 비율에 따라 사망률이 어떻게 달라지는가를 보여준 것이다. 당시까지만 해도 콜레스테롤이라는 단어는 대중은 물론 학자들에게도 잘 알려진 단어는 아니었기에, 키스 박사는 지방 섭취량이라는 단순한 변인을 사용한 것이다. 그는 그래프로써 이 관계를 표현했는데, 가로축은 지방 섭취량, 세로축은 사망률을 가리켰다. 물론 키스 박사가 제시한 그래프는 거의 완전한 정비례 관계를 보여주었다.

그러나 이 연구 결과는 많은 학자들의 빈축을 샀다. 그들은 키스 박사가 전 세계 22개국의 데이터를 가지고 있음에도 불구하고 단지 6개 국, 그러니까 일본, 이탈리아, 영국, 호주, 캐나다, 미국만을 그래프에 포함시켰다고 비아냥거렸다. 즉 자기 입맛에 맞는 데이터만 선별적으로 골라서 사용한 연구라는 지적이었다. 그러나 키스 박사의 이러한 연구 결과는 예기치 못한 사건을 맞이해 사회적 이슈가 되었다. 이 연구 논문이 발표되고 2년이 지난 1955년, 당시 미국 대통령이었던 아이젠하워가 심장발작을 일으킨 것이다.

미국 사회는 발칵 뒤집혔다. 대통령에게 발생한 건강상의 문제가 무엇이며, 그 원인은 무엇인지 사람들은 궁금해했다. 그리고 많은 전문가들에게 대통령의 경우에서와 같이 심장병을 유발하는 원인이 무엇인지를 묻는 질문 공세가 퍼부어졌다. 거기 키스 박사가 있었다. 키스 박사의 언변은 전파를 탔다. 그리고 그가 제시한 지방 섭취와 콜레스테롤, 그리고 이것들이 심장질환에 끼치는 위험성은 순식간에 미국 전역에 급파되었다. 드디어 역사가 시작된 것이다.

그렇다면 과연 키스 박사는 어떻게 지방과 콜레스테롤이 심장병과 연관 있다고 생각하게 되었을까. 사실 이 주장을 펴게 한 근거를 마련해준 원래 논문에서, 키스 박사는 심장병과 지방의 관계를 설명할 때 단지 총지방량만을 언급하였다. 지금 우리가 잘 알고 있는 포화지방이니 불포화지방이니 또는 트랜스지방이니 하는 구체적인 지방의 종류를 나열하지는 않은 것이다. 즉 지방에도 다양한 종류가 있는데 키스 박사는 당시 이들 지방 각각의 영향은 모르고 있었으며, 다만 모든 섭취 지방의 총량만을 제시하고 있었다. 그럼에도 그는 콜레스테롤이라는 특정 물질을 전면에 내세워 지방의 섭취가 콜레스테롤 수치를 높이고, 결국 심장질환이 많이 생긴다고 설명한 것이다.

지질가설은 혈전가설과 같이 심장질환을 유발시키는 문제의 학설로 강력한 힘을 발휘한다. '혈전가설', 이는 또 무엇인가. 이 가설의 핵심은 혈액 응고다.[66] 실제로 관상동맥 혈관이 막히면 이 막힌 혈관에서는 거의 혈액 응고가 나타나기 때문에 혈액 응고가 질환의 유발 요인일 수 있다는 것이다. 그러니까 손상된 혈관 벽에서 혈액 응고가 시작되면 경화가 시작되고 다양한 혈액 응고 물질들이 모여 결국 혈관이 망가지며, 그러면 결국 혈관이 터지거나 좁아져서 관상동맥의 기능을 막는다는 가설이다. 이 또한 현실적이지 않은 가설에 불과했지만 지질가설과 함께 맹위를 떨친다. 그러나 이러한 가설들은 깊이 있는 연구들에 의해 점차적으로 도전을 받게 되었다.

지질가설의 퇴보와
지방의 명예회복

키스 박사의 논리는 단순명료했다. '지방질을 많이 섭취하면 콜레스테롤 수치가 높아지는데, 콜레스테롤은 심장질환을 유발하는 아주 나쁜 물질이다. 따라서 지방을 덜 섭취해야 한다.'

그러나 지방과 지방 섭취에 대한 과학적인 연구들은 이 논리에 동조하지 않고 반박한다. 믿기 어렵겠지만, 그렇게 맹위를 떨치던 이 논리를 콜레스테롤의 수치와 심장병 유발의 관계를 밝힘으로써 정확하게 증명한 사람은 아무도 없다. 이미 설명하였지만, 키스 박사는 혈중 콜레스테롤과 심장질환의 사망률을 증명한 적이 없었다. 그는 단지 지방의 총섭취량과 사망률의 관계만 제시했을 뿐이다. 그리고 이런 결론을 내리기 위해 사

용된 데이터들도 의도적으로 필요한 것들만 선별했다.[65]

키스 박사가 초기에 주장한 지방 섭취와 심장질환의 관계는 이후의 연구들을 통해서 타격을 입는다. 그는 지방을 하나로 보고 있었지만, 이후 많은 과학자들은 지방에도 다양한 종류가 있음을 입증했다. 그리고 서로 다른 지방들이 서로 다른 기능을 수행함을 증명했다. 그러니까 서로 다른 종류의 지방들이 인체 내에서 다양한 기능을 발휘하기 때문에 모든 지방이 경계의 대상은 아니라는 점이 점차 드러나게 된 것이다. 연이어 지방의 종류에 따라 사망률에 서로 다른 영향을 미친다는 결과가 등장하게 된다. 줄곧 총지방량을 주장하던 키스 박사도 다양한 지방의 존재가 드러나자 포화지방산과 불포화지방산 간의 서로 다른 생물학적 기능을 인정하지 않을 수 없게 되었다.

그리하여 지질가설에도 약간의 수정을 가할 수밖에 없게 되었다. 지방을 줄여야 한다는 말을 포화지방의 섭취를 줄여야 한다는 말로 바꾸는 것으로 가닥을 잡는다. 일단 지방의 총섭취량에서 포화지방으로 그 초점을 이동시킨 키스 박사는, 이제는 포화지방에 집중포화를 시작한다. 포화지방의 섭취가 콜레스테롤의 수치를 높이고 심장질환을 유발한다는 논리로 수정한 것이다. 그는 1960년대에 들어서는 20세기에 급증한 심장질환의 원인은 과다한 포화지방의 섭취 때문이라고 말한다. 몇몇 연구도 그의 주장을 뒷받침하였다. '프래이밍햄 연구Framingham Study'**와 '7개국 연구Seven Countries Study'***를 보자. 이 중 프레이밍행 연구는 지금까지도 진행되고 있는데, 인간과 건강의 관계를 세대를 이어가면서 진행하는 연구로 유명하다. 병력학을 연구하는 학자라면 이 연구를 모르지 않는다. 여하튼 이 두 연구는 혈중 콜레스테롤 수치가 높을수록 심장병에 걸릴 위험이 급증한다고 심장병과 콜레스테롤의 관계를 정립하였다.

그렇다면 키스 박사와 이후의 연구들이 주장하는 바와 같은 콜레스테롤과 심장병의 관계는 정말 존재하는 것일까. 통계를 보자. 먼저 미국인의 포화지방 섭취량은 20세기 초 42퍼센트였다가 중반에 34퍼센트로 떨어진다. 그러나 미국인의 심장질환 발병은 1920년대부터 증가하여 1960년대와 1970년대에 최고조에 이르며 그 후 천천히 줄어든다. 단순 비교로 보자면 분명 지방 섭취량과 심장질환자의 수가 서로 다른 경향을 보이고 있는 것이다.[66] 이는 미국이 아닌 다른 산업화된 나라들에서도 마찬가지로 나타나는 경향이 있었다.[67] 키스 박사의 주장

---

* 미국 매사추세츠 주의 프레이밍행이라는 소도시의 이름을 딴 연구로, 1960년대부터 진행되었다. 지역사회 인구를 대상으로, 다양한 건강지표를 이용해 세대를 연결하는 건강역학 연구를 진행하고 있다. 콜레스테롤 섭취량과 심장질환의 관계를 견고히 정립한 연구이기도 하다.
** 1950년대 후반 키스 박사가 주도한 대규모의 병력학 연구이다. 총 12,763명의 남성을 대상으로 유고슬라비아, 핀란드, 이탈리아, 네덜란드, 그리스, 미국, 일본의 식이와 건강에 관한 연구를 진행했다.

7장 건강을 위협한다는 지방의 전설

이나 연구 결과들과 달리, 현실에서는 지방 섭취량과 심장질환 발생의 관계가 거꾸로 나타나고 있는 것이다.

이에 반해 지방의 하나인 리놀렌산linolenic acid(오메가지방산의 일종)의 섭취량은 포화지방의 섭취량과 다른 경향을 보인다. 주로 등푸른생선에 많이 포함되어 있다고 알려진, 그래서 우리의 건강에 이득을 가져다준다는 리놀렌산의 섭취량을 단순 비교하자면, 유사한 기간에 그 소비가 천천히 증가한다. 리놀렌산의 섭취량은 1909년에서 1913년 사이에 7퍼센트였던 것이 1967년에는 13퍼센트로 증가했는데, 이와 같은 증가는 부분적으로 버터와 라드(돼지기름) 대신 식물성 기름과 마가린을 사용함으로써 나타난 것이다. 이런 증거들은 포화지방이 심장질환을 유발하는 유일한 요인이 아닐지도 모른다고 가정하게 만들었다. 심장질환 발병이 최고조에 이르렀을 때 포화지방의 섭취량은 오히려 떨어졌고, 오히려 이때 리놀렌산의 섭취량이 증가했으니 말이다. 연구가 더욱 구체적으로 진행되면서 학자들은 지방의 종류에 따라 서로 다른 건강상의 영향이 나타날 가능성에 대해 관심을 갖게 되었다.

그런데 키스 박사와 학계의 포화지방에 대한 편향된 지적은 사람들의 인식을 이미 왜곡시키고 말았다. 그 왜곡은 포화지방은 동물성 지방, 불포화지방은 식물성 지방이라는 단순한 이분법적 인식을 낳은 것이다. 이러한 이분법은 학문적인 정보와 대중의 인식 사이의 격차를 벌려놓게 되었다. 지방 섭취가 건강에 해를 끼친다고 생각하는 사람들의 인식은 다음과 같이 정리된다. '동물성 지방은 혈중 콜레스테롤을 높이고 식물성 지방은 콜레스테롤을 낮춘다.' 즉 '좋은 지방을 섭취하여 콜레스테롤을 낮추고, 그로써 심장질환을 예방하고 줄여야 한다'는 메시지가 아직도 건재한 것이다.

어떤 먹을거리가 한 종류의 지방만을 포함하는 것은 아니며, 다만 여러 지방의 함유 비율이 다를 뿐이다. 육류라고 모두 포화지방만을 함유하지는 않으며, 식물성 식품이라고 해서 모두 불포화지방만을 함유하는 것도 아니다. 예를 들어 코코넛오일*과 팜오일**은 식물성이지만 이 식물들이 가진 지방의 성분은 대부분 포화지방이다.

지방에 대한 연구가 거듭될수록 그 결과들은 키스 박사가 내세운 학설의 입지를 더욱 좁혔다. 심지어 단순불포화지방 monounsaturated fat의 실체가 규명되면서 이는 오히려 건강상의 이득을 가져온다는 사실이 규명되기까지 했다. 이제는 동물성 지방이 좋다는 결과까지 등장한 것이다. 키스 박사가 초기에 주장한 논리는 점점 설 곳을 잃게 되었다.

결국 그는 이를 인정하면서 미네소타 대학교를 떠난다. 교정

---

* 말레이시아 원산인 코코스야자의 열매에서 얻는 기름. 코코넛오일은 식용, 비누 제조 원료 등으로 사용된다.
** 아프리카 서부 원산의 기름야자에서 얻는 기름을 가리킨다.

을 떠난 키스 박사는 곧바로 올리브유 제조회사로 직장을 옮겼으며, 은퇴 후에는 이탈리아로 이주했다. 노년에 그는 캘리포니아로 돌아와 여생을 보내고 2007년 타계했다.

이제 지질가설과 콜레스테롤은 키스 박사의 타계와 함께 질곡의 생을 마치고 있다. 그럼 이 모든 논란의 중심에 있는 콜레스테롤은 과연 어떤 물질이고 우리에게 어떻게 작용할까.

콜레스테롤은 지방의 한 성분으로, 스테로이드 호르몬을 구성하는 주요물질이다. 동물의 모든 세포는 콜레스테롤을 구성성분으로 한다. 성 호르몬의 대부분이 스테로이드 호르몬이므로, 콜레스테롤 없이는 성 호르몬이 만들어질 수 없다. 콜레스테롤은 섭취되기도 하고 몸속에서 만들어지기도 한다. 콜레스테롤은 동물에서만 만들어진다. 식물은 제아무리 지방 성분이 많다 해도 콜레스테롤이 존재하지 않는다.

인간은 자신에게 필요한 콜레스테롤을 모두 스스로 만들어낼 수도 있다. 그러니 먹는 것으로 콜레스테롤을 더 보충할 이유는 없다. 만약 동물성 음식을 통해 콜레스테롤을 더 섭취한다면 이는 자신이 만들어내는 콜레스테롤에 추가적으로 보태는 셈이다. 흔히 혈관에 콜레스테롤이 쌓이면 위험한 것으로 인식하지만, 심장혈관이나 여타 혈관에 콜레스테롤이 쌓이는 현상은 어느 사회, 어느 성인에게나 존재한다.[68]

과학자들은 콜레스테롤을 많이 먹으면 그에 따라 핏속에 떠도는 콜레스테롤의 수치도 같이 높아진다는 것에 이의를 제기하지는 않는다. 즉 보통의 경우 콜레스테롤을 많이 먹으면 수치가 많이 오른다. 그러나 먹는 양에 정확히 비례해 콜레스테롤 수치가 오르지는 않는다. 다른 많은 요인들에 의해 조절되기 때문이다. 예를 들어 포화지방이나 트랜스지방을 먹으면 콜레스테롤 수치가 오를 수 있다. 트랜스지방은 콜레스테롤을 포함하고 있지 않지만, 트랜스지방이 함유된 기름에 튀긴 감자를 먹는다면 콜레스테롤이 증가할 수도 있다. 간단히 얘기하자면, 어떤 음식을 무엇과 먹는가에 따라서 콜레스테롤의 수치가 달라질 수 있다는 것이다. 특정 음식을 불포화지방, 과일과 채소 등과 같이 먹으면 콜레스테롤은 낮아지기도 한다. 달걀은 단일한 먹을거리로는 가장 많은 콜레스테롤이 함유된 음식이다. 그러나 같은 달걀이라도 어떤 음식과 먹는가에 따라 콜레스테롤 수치는 달라질 수 있다. 그러니 음식과 콜레스테롤 수치를 연관시키거나 어떤 음식이 건강에 더 좋고 나쁘다고 평가하기란 매우 어렵다.

사람마다 콜레스테롤에 대한 반응이 다르게 나타나는 것도 고려해야 한다. 《뉴잉글랜드 의학 저널》은 88세 노인이 하루에 반숙 달걀 24개를 먹음에도 불구하고 혈중 콜레스테롤의 수치는 정상을 유지하고 있었다는 연구를 수록하기도 했다.[69] 원래 낮은 콜레스테롤 수치를 보이는 사람은 달걀 하나만 먹어도 수치가 급격히 상승하지만, 원래 높은 콜레스테롤 수치를 보이는 사람은 달걀 하나 정도로는 수치가 크게 오르지 않는다. 또한

7장 건강을 위협한다는 지방의 전설

당뇨병 환자의 경우 그 수치의 상승이 높다.

학자들은 혈중의 콜레스테롤 수치가 높으면 심장병의 위험이 높아지는 것에 대해서도 어느 정도 인정한다. 그러나 콜레스테롤 수치가 높을수록 심장질환의 위험성이 더 높아지는가에 대해서는 의견이 엇갈린다. 간단히 말해 콜레스테롤 수치가 한 단계 높아진다고 심장질환에 걸릴 확률이 정확하게 한 단계 증가하는가에 대해서는 논란이 있다는 것이다. 그리고 높은 콜레스테롤 수치가 모든 사람에게 다 나쁜 것인지, 아니면 특정한 가족병력에 따라 일부의 사람에게만 위험한 것인지에 대해서도 논란이 있다. 게다가 병력학 조사에 의하면 심장질환자의 50퍼센트는 콜레스테롤 수치가 전혀 높지 않으며, 콜레스테롤이 높은 사람의 50퍼센트는 심장질환이 없다고 한다.[70] 이 결과 또한 콜레스테롤과 심장질환의 관계가 모호함을 지적하는 것이다.

결론적으로 말해, 일반적으로 콜레스테롤이 높으면 심장질환의 위험이 높아지지만, 수치가 높을수록 위험률이 상승하는지는 확실하지 않은 것이다. 그러니 역설적으로 수치가 낮은 사람이라고 해서 심장병에 걸리지 않을 것이라고 안심할 수는 없다. 식습관이 어떠하든, 혈중 콜레스테롤의 수치가 어떠하든 심장질환의 발생률과는 큰 관계가 없다. 콜레스테롤은 심장병을 유발하는 직접적인 원인 제공자가 아니라는 것이다.

지방이 주식인 이누잇에겐
심장병이 없었다네

우리가 잘 알고 있듯이, 산을 오르는 사람에게 "당신은 왜 산에 가십니까?"라고 질문하면 이들은 "산이 거기 있기 때문이죠"라고 대답한다. "당신은 왜 연구를 하십니까?"라고 질문했을 때 과학자들의 대답도 마찬가지다. "궁금해서요".

과학자들에게 호기심은 탐험가들의 보물과 같다. 있을 법하면 다 뒤진다. 지방에 대한 학자들의 의구심도 예외는 아니다. 콜레스테롤만이 위험한가? 콜레스테롤 말고 또 다른 물질이 심장질환이나 인간의 생명에 위협을 줄 수 있을까? 이러한 질문들은 결국 핏속에 포진한 콜레스테롤 외에도 트리글리세리드triglycerides(중성지방 중 하나), 인지질phospholipid, 지단백질lipoprotein 등의 물질을 추가적으로 밝혀낸 원동력이었다.

지방 섭취와 콜레스테롤이 심장질환의 위험이 아니라는 것, 그것은 이미 학계의 공공연한 진실로 서서히 받아들여지고 있다. 물론 아직까지 우리 생활을 지배하고 있는 아이디어는 아니지만 말이다. 그러나 지방 섭취와 콜레스테롤이 기세등등 하게 버티고 있던 1970년대 초반, 학계의 이런 논조에 의구심을 드러내기란 쉽지 않았을 것이다. 이때 학계의 주류 아이디어를 확인하고자 하는 연구가 계획되었다. 지방의 독주를 한풀 꺾이게 하는 동기가 된 그 연구를 소개하려 한다. 이 연구 결과를 소개하는 것은 지방 섭취와 건강의 관계를 학문적으로 설명하기 위함도 있지만, 한편으로는 이 연구 뒤에 숨어 있는 먹을거리와 음식문화의 관계에 주목하기 위해서기도 하다.

1970년대의 덴마크로 가보자. 당시는 지방물질에 대한 학계의 관심이 한창 고조되던 때였다. 지방 연구에 항시 관심을 두고 있던 덴마크의 두 의사가 있었다. 하루는 이들 중 한 사람인 한스 올라프 방Hans Olaf Bang이 의학 잡지를 읽다가 흥미로운 사실을 발견하게 된다. 그린란드에 사는 이누잇(에스키모)들은 결핵과 감염에 의한 사망이 유럽인을 위시한 문명인에 비해 높은 데 반해 심장병이나 혈관질환의 발병은 거의 없다는 연구보고였다.

이 글을 읽으며 그의 머릿속에는 이누잇의 주식이 물개와 고래의 블러버blubber(고래지방)와 같은 지방이라는 사실이 문득 스치게 된다. 그리고 의구심을 갖게 되었다. '이누잇은 지방을 많이 먹는다. 만약 지방의 섭취가 많다면 분명 혈중에 포함된 지질 수치도 높을 것이다. 그러면 문명인과 마찬가지로 심장병에 의한 사망률이 높아야 한다. 그런데 이들에게 심장병에 의한 사망이 나타나지 않는다면 무슨 뜻일까? 지방의 섭취가 심장 질환을 유발하여 사망률을 높인다는 이론이 틀렸다는 것인가?' 방은 곧바로 친구이자 의사인 외른 다이어버그Jørn Dyerberg에게 얘기를 건넨다. 자신들이 알고 있던 내용과 전혀 맞지 않으며, 당시 학계에 알려진 학설을 위배하는 이 현상을 연구해보자는 것이다. 둘은 바로 결정한다. "자, 그린란드로 갑시다."

무명이었던 두 의사는 겨우 연구비를 마련하여 그린란드로 떠났다. 먼저 그린란드에서 가장 연구하기 좋은 장소를 물색하였는데, 그 조건은 간단했다. 아직 문명의 영향을 받지 않고 사냥과 낚시로 생계를 이어가고 있으며, 주식으로 많은 육류와 생선을 먹는 부족을 찾았다. 또한 혈액을 채취한 즉시 혈중 지질을 분석할 수 있는 곳이어야 했다. 결국 그린란드의 서쪽 해안에 위치한 우마낙Umanak이라는 마을을 선정하게 되었다.

연구는 통상적인 방법을 통해 이루어졌다. 그린란드에 살면서 전통적인 생활양식과 음식습관을 유지하며 살고 있는 이누잇을, 부모나 할아버지 할머니대에 덴마크에 이주하여 유럽인의 생활양식과 음식문화를 따르고 있는 이누잇 후손들과 비교한 것이다. 방과 다이어버그는 그린란드의 이누잇에게서 혈액

을 채취하면서 이들의 혈액성분이 유럽인의 혈액과 다름을 직
감적으로 알아챘다. 이들에게서 혈액을 채취한 후 지혈이 될
때까지 상당한 시간이 지나야 함을 알게 된 것이다. 결과적으
로 그린란드의 이누잇들은 모든 혈액성분, 그러니까 저밀도
지단백 콜레스테롤LDL, 초저밀도 지단백 콜레스테롤VLDL, 총콜
레스테롤total cholesterol, 중성 지방, 인지질의 수치가 덴마크의
이누잇에 비해 현저하게 낮았다. 동물성 지방과 콜레스테롤을
대량 섭취하는 것에 비하면 놀라운 결과였다.[71,72] 다만 고밀도
지단백질HDL은 두 지역의 이누잇에게서 같은 수치가 검출되
었다.

　연구 결과는 두 의사에게 새로운 질문을 던졌다. 지방을 많
이 먹었음에도, 그것도 유럽인에 비해 훨씬 더 많은 양을 섭취
했음에도 혈중 지질의 수치가 낮게 나타나는 이유는 무엇일까.
이들은 질문의 답을 찾기 위해 이누잇이 먹는 음식의 성분을
파헤치기 시작했다.

　방과 다이어버그는 이누잇의 주식에 포함된 어떤 성분이 이
런 작용을 일으키는 게 아닐까 하고 추측하게 된다. 이누잇이
대량 섭취하는 지방에 포함된 미지의 성분, 그것은 지금 다불
포화지방이라고 알려진 성분이다. 이는 그때까지는 거의 알려
진 바 없는 물질이었다. 현재와 달리 물개와 고래의 지방에 대
해 알려진 바가 없던 때였기 때문이다. 다만 연어와 같이 찬물
에서 살아가는 물고기에게 많으며 수온이 높아질수록 그 양이

줄어드는 것으로만 알려져 있었다. 방과 다이어버그는 몇 년 후 이누잇의 혈액 연구를 통해 또 다른 논문을 발표하여 생선에 포함된 지방질이 심장병을 줄일 수 있음을 의학계에 알리게 되었다.[73] 이들의 연구 결과는 학계를 발칵 뒤집어놓았다.

이누잇을 통해 얻은 지방에 대한 새로운 발견이 지질가설이나 지방에 대한 인식을 바꾸는 데 공헌하지는 못했다. 반대로, 새로운 지방이 발견됨으로써 지방을 공격하는 측에서는 공격의 대상을 새롭게 발견된 지방들로 바꾸었을 뿐이다. 한 번 보자. 미 농무부는 시대별로 바꾸어가며 미국인이 경계해야 할 지방을 지적한다. 1960년대까지는 포화지방과 동물성 지방이 위험하다고 하다가, 1980년대 들어오면서 트로피컬 오일tropical oil*이 주범이라고 내세웠다. 그러다 1990년대 들어서면 다시 손가락의 방향을 틀어서 이번에는 트랜스지방을 가리킨다. 조만간에 또 바뀌지 않으리라는 보장이 없다.

미국의 경우 2006년 1월부터 '영양정보Nutrition Fact' 포화지방 항에 트랜스지방이 기재되었는데, 부분경화 과정을 거쳐 선별적으로 오메가3지방을 제거한 식물성 기름이다. 그러니 트랜스지방을 줄이라는 것은 오메가3지방을 줄인 음식을 적게 먹으라는 것이다. 다시 말해, 트랜스지방을 안 먹기보다 오메가3지방을 더 먹어야 한다는 말과도 같다.

* 포화지방이 다량 포함된 열대식물성 기름

방과 다이어버그의 연구가 의미하는 것은 간단하다. 이누잇이 먹어왔던 것이 학자들의 눈에는 이상하게 보였을지언정 그 식생활은 그들의 건강을 유지하는 데 아무런 문제가 없었다. 오히려 과학이라는 무기를 들고 무엇인가를 밝혀냈다는 의학자, 영양학자, 보건학자들에 의해 지난 100년 동안 우리의 건강은 좋아지기는커녕 더욱 혼란스럽고 불확실해졌다. 안타까운 것은, 지금도 음식과 영양에 대한 경험적인 지혜와 인간의 생물적 적응과정을 고려하지 않은 연구들이 다수 진행되고 있다는 점이다. 추정컨대 결국 과학은 우리 조상들의 음식습관이 옳았다는 단순한 결론에 도달하기 위해 몸살을 앓고 있는 게 분명하다.

　한편 그 이누잇은 어떻게 살고 있을까. 영양학계와 의학계에 한 점을 찍은 이누잇 연구는 결국 그 한 번이 처음이자 마지막 연구가 되었다. 이들의 전통적인 생활방식은 이 연구가 끝나자 사라졌다. 생활방식과 함께 식생활도 바뀌었기 때문이다. 아, 심장병은 어떻게 되었냐고? 서양인과 같은 추세를 보이게 되었다. 1988년 심장병 발병률은 서양과 유사해지고 2003년에는 서양 사람과 차이가 없게 된다. 지방의 섭취와 심장병의 관계가 유전적이라기보다는 환경과 식습관에 의해 지배됨을 알 수 있다.

8장

칼로리와 비만

칼로리란
무엇인가

앞의 장에서 사람들이 지방을 오해하게 된 사연과 지방을 나쁜 것으로 만들기 위한 집요한 노력을 알아보았다. 지방이 나쁜 것이라는 발상은 지방 섭취가 심장과 혈관 건강에 좋지 않다는 가설에 바탕을 둔다. 그런데 지방이 나쁜 평판을 얻는 데 기여한 요소가 또 하나 있다. 바로 칼로리calorie 또는 열량이 높다는 것이다. 이 장에서는 칼로리란 과연 무엇인지를 알아보겠다.

1칼로리란 '14.5°C의 순수한 물 1밀리리터ml를 1°C, 그러니까 15.5°C로 올릴 수 있는 열heat의 양'을 가리키는 단위다. 칼로리량을 열량으로 표현하는 이유가 바로 여기에 있다. 칼로리는 바로 열이다. 그러니까 칼로리가 높다는 것은 열의 양이 많다는 의미다. 우리가 먹는 음식에 칼로리가 있다는 것은 그 음식에 열이 있다는 뜻이다. 칼로리가 소비되었다는 말은 열이 손실되었다는 뜻이다. 칼로리 섭취가 많다는 것은 먹은 음식이 가지고 있는 열이 많다거나 많은 열을 먹었다는 의미다.

여기서 잠시 단위 연습을 해보자. 1밀리리터의 물을 1℃ 올리는 데 1칼로리가 필요하니까, 1리터의 물을 1℃ 올리는 데는 1,000칼로리가 필요하다. 1,000칼로리_{cal}는 1킬로칼로리_{kcal}로 줄여 쓰므로, 1리터의 물을 1℃ 올리는 데 1킬로칼로리가 필요한 것이다.

한 개에 약 35그램인 대한민국 국방부 간식 초코파이의 칼로리는 약 155킬로칼로리다. 155리터의 물을 1℃ 올리거나 1리터의 물을 155℃ 올릴 수 있는 열량을 초코파이 한 개가 가졌다는 것이다. 다르게 설명해보자. 155리터의 물을 담은 드럼통이 있다. 그 밑에서 초코파이 하나를 태워 이 물을 데우면 이 물의 온도는 1℃ 상승한다. 또는 초코파이 하나로 1리터의 물을 끓이면 그 물은 155℃ 상승한다. 물론 초코파이의 열이 옆으로 새어나가지 않는다고 가정하면 말이다. 또 다른 예를 보자. 약 75킬로그램인 성인의 몸 부피가 75리터라고 가정해보자. 그리고 그 몸이 모두 물로 채워져 있다고 가정하자. 이 사람이 초코파이 하나를 먹고 그 열량을 모두 사용한다면 이 사람의 체온은 약 2℃ 상승하게 된다.

이번엔 사람들이 보통 먹는 음식의 칼로리량으로 예를 들어 보자. 성인 한 명이 하루 2,500킬로칼로리를 먹는다 치자. 이 열량이라면 1리터의 물을 2,500°C 올릴 수 있다. 또는 100리터의 물을 25°C 올릴 수 있다. 상당한 양이다. 그러니 사람이 하루에 2,500킬로칼로리를 먹었다는 것은 그만한 양이 모두 열로 바뀌어 몸 밖으로 빠져나갔다는 뜻이다. 만약 그 열이 우리 몸에서 빠져나오지 못하고 그대로 축적된다면 우리는 아마 그 열 때문에 죽게 될 것이다.

칼로리 또는 열량은 음식을 설명하는 단위다. 그럼 음식은 과연 이만한 열을 가지고 있다는 말일까. 그렇다. 쌀알이든 콩이든 깻잎이든 삼겹살이든 피자든 김치든, 인간이 먹는 음식들은 모두 열량을 가지고 있다. 그러니까 음식에 열량이 없다면 그것은 음식으로서 가치가 없다는 것이다. 음식에 열량이 없다는 말은 그것을 먹어도 인간에게 하등 이롭지 않다는 뜻이기 때문이다. 그래서 인간이 먹고 있는 음식에는 모두 많든 적든 간에 탄수화물과 지방, 단백질이 포함되어 있고 이 영양소들은 모두 열량을 가지고 있다.

그럼 음식의 칼로리는 어떻게 알아낼 수 있을까. 음식에 열이 있다고는 했지만 쌀 같은 곡물에서는 열이 전혀 느껴지지 않는다. 열기는커녕 온기도 느껴지지 않는다. 그저 씨눈이 박힌 하얗고 딱딱한 덩어리로밖에 안 보인다. 그래서 쌀이 어떻게 열을 가지고 있는지 이해하기 어렵다. 그러나 쌀이 가지고 있는 열은 인간이 손끝으로 느낄 수 있는 것이 아니다. 다만 열이 바깥으로 방출되지 않고 그 안에 잡혀 있기에 우리는 열이 없는 것처럼 느낄 뿐이다. 그렇다면 그 속에 있는 열을 어떻게 끄집어내고 측정할 수 있을까. 쌀 한 톨로부터 열을 끄집어내는 방법은 간단하다. 쌀 한 톨을 완전하게 태우는 것이다. 쌀을 태우면 쌀에는 불이 붙어 화염이 생기고 갇혀 있던 열이 바깥으로 빠져나간다. 그렇게 다 타고 나면, 즉 모든 열이 다 빠져나가면 쌀의 형체는 사라지고 까만 재만 남는다. 재는 우리가 잘 아는 탄소 덩어리다. 화학적으로 표현하자면, 우리는 이 현상을 산화라고 한다. 산소와 물질이 만나 불이 나고 열은 빠져나가고 탄소만 남는 현상이다.

그렇다면 모든 음식을 이렇게 태우면 같은 현상이 발생할까. 그렇다. 인간이 먹는 모든 음식은 열량을 가지고 있고, 그래서 음식을 태우면 열이 나고 다 탄 음식은 재만 남는다. 쌀 한 톨에서와 같이 그 음식이 가지고 있던 모든 열은 대기로 흩어져 사라져버리고 결국 까만 재만 남는 것이다. 물론 이렇게 도망가는 열을 일반적인 방법으로 측정할 수는 없고, 열의 양을 정확하게 측정할 수 있는 특수한 장비가 따로 있다. 장비의 이름은 폭탄열량계bomb shell calorimeter 또는 통열량계라고 한다.

이 특수한 장비를 이용하면 음식이나 영양소의 열량을 매우 정확하게 측정할 수 있다. 원리를 간단히 설명하자면, 밀폐된 공간에서 일정한 양의 영양소나 음식을 완전 연소시켜 그 열

8장 칼로리와 비만

을 측정하는 것이다. 완전 연소란 음식이나 영양소가 가진 열을 완전히 방출하도록 하는 것이고, 폭탄열량계는 그렇게 방출된 열의 양을 측정하는 장비다. 이 측정계를 이용해서 순수한 탄수화물 1그램을 완전 연소시키면 약 4.18킬로칼로리가 방출된다. 똑같은 경우에 지방과 단백질은 각각 9.46킬로칼로리와 4.32킬로칼로리를 방출한다. 보통 그램당 탄수화물 4, 지방 9, 단백질 4킬로칼로리의 열량이 있다는 것은 이런 측정치에서 나온 말이다. 지방의 열량이 높다는 것은, 같은 무게라면 지방이 탄수화물이나 단백질에 비해 2배 이상의 열량을 가지고 있기 때문이다.

그러면 국민간식 초코파이로 다시 돌아가자. 포장지에 의하면 초코파이는 탄수화물 23그램, 단백질 2그램, 지방 6그램을 포함하고 있다. 그러면 초코파이의 열량은 $(23 \times 4)+(2 \times 4)+(6 \times 9)=154$킬로칼로리가 된다. 그래서 초코파이의 열량은 155킬로칼로리로 표시되어 있다.

이렇게 보면 우리는 또 다른 의문을 가질 수 있다. 연탄이나 나무를 태워도 상당한 열이 발생하고 재만 남는데, 그럼 연탄과 나무도 열량이 있다는 것인가? 그렇다. 연탄도 열량을 가지고 있고 나뭇가지도 열량을 가지고 있다. 사실 열량을 가지고 있기에 연료로 쓰는 것이다. 다만 연탄과 나무가 가진 열량을 우리 인간이라는 기계가 끄집어내 쓸 수 있는 능력이 없을 뿐이다. 인간의 몸은 탄수화물과 지방, 단백질이 가지고 있는 열을 빼앗아 쓸 수 있는 아주 효율적인 기능을 가지고 있지만, 이 세 영양소 외에서는 열을 빼앗아 쓸 수 있는 기능이 없다. 그래서 인간은 연탄이나 나뭇가지를 먹지 않는다. 먹어도 소화시키거나 그 열량을 빼앗아 쓸 수 없기 때문이다. 소는 마른 볏짚이 가지고 있는 열량을 끄집어내 쓸 수 있기 때문에 그것을 먹는다. 하지만 인간은 볏짚이 가진 열량을 빼앗아 쓸 수 있는 능력이 없기에 그것을 먹지 않는다. 소에게 볏짚은 음식이지만 인간에게 볏짚은 음식이 아닌 이유다. 한편 생선은 인간에게는 음식이지만 소에게는 음식이 아니다. 소는 동물성 단백질을 분해할 수 있는 기능이 없기 때문이다.

그러니 음식을 열량의 관점에서 보자면 인간은 열을 품고 있는 음식을 먹고, 그 음식이 품고 있는 열을 빼앗아 쓰고, 나머지 쓰지 못하는 부분은 변을 통해 몸 밖으로 버리는 과정을 반복하는 기계일 뿐이다. 소는 볏짚을 먹고 필요한 열을 빼앗고 나머지는 쇠똥으로 배출한다. 사람도 그 과정은 마찬가지다. 재미있는 현상은 쇠똥을 말리면 아궁이에서 유용하게 사용할 수 있는 연료가 된다는 것이다. 쇠똥이 연료로 사용될 수 있다는 것을 기억하며 다음 꼭지로 이동해보자.

인간의 칼로리균형

    우리는 칼로리 계산을 통해 체중을 관찰하며 관리하곤 한다. 어떤 사람들은 자신이 먹고 있는 음식의 양은 물론, 칼로리를 계산하는 것에도 상당히 조예가 깊다. 다이어트를 하는 사람들은 자신의 먹는 것을 일일이 기록하면서 무엇을 더 먹거나 덜 먹어야 할지 철저하게 관리한다. 영양사들은 칼로리를 기준으로 식단을 짜고 어떤 음식에 무슨 영양소가 많이 들었고 어떤 음식에 칼로리가 보기보다 많다는 귀띔도 해준다.

    체중을 조절하려는 사람들과 이들을 지도하는 피트니스 전문가들은 먹는 것으로 섭취하는 칼로리량과 함께 운동을 통해 소비하는 칼로리량도 계산한다. 자신이 하는 운동과 자신이 지도

하는 운동이 어느 정도의 칼로리를 소비하는지도 정확하게 파악한다. 아니, 하느라 열중한다. 계획과는 달리 더 먹었다면 더 먹은 만큼 소비하기 위해 운동을 추가로 하고, 운동을 덜 했다면 거꾸로 덜 먹어서 자신이 계획했던 수치균형에 도달하고자 노력한다. 사람들은 먹은 것과 운동하는 것을 칼로리로 계산하여 체중과 건강을 관리한다.

음식을 통해 먹은 양과 운동을 통해 소비되는 양, 그러니까 몸으로 들어간 열량과 몸에서 빠져나간 열량이 동일한 상태일 때, 우리는 이를 에너지균형 또는 칼로리균형이라고 부른다. 우리는 먹은 것과 소비한 것이 동일하여 에너지균형을 이루면 체중이 일정하게 유지되는 것으로 믿는다. 반대로 이 균형이 깨지면 살이 찌거나 빠지는 것으로 여긴다. 즉 먹은 것보다 소비한 것이 적으면 살이 찌고, 먹은 것보다 소비한 것이 많으면 살이 빠진다는 식이다. 그리고 이 균형의 개념을 체중 조절과 다이어트의 기본 원리로 보는 것이다.

과연 그럴까. 칼로리균형의 원리로 보자면 이는 옳다. 또는 옳아야 한다. 최소한 이론적으로는 말이다. 그렇다면 과연 실제에서도 이 원리가 그대로 적용될 수 있을까. 실상은 그렇지 않다. 우리가 먹은 것의 열량이나 소비하는 열량을 정확하게 계산하기가 쉽지 않기 때문이다. 즉 음식을 더 먹거나 덜 먹어도 체중의 변화가 쉽게 일어나지 않는 이유는, 이론은 맞는데 계산이 맞지 않기 때문이다. 특히 작은 규모의 칼로리량 또는

8장 칼로리와 비만

열량의 변화를 꾀하거나 계산하는 체중 조절 방식에서는 더더욱 현실적이지 않게 된다. 먹은 것과 사용한 것의 칼로리 계산이 틀릴 수밖에 없는 이유를 지금부터 알아보자.

첫째, 음식이 가진 열량과 사람이 사용하는 열량의 수준이 다르다. 다시 말하면, 먹은 음식의 열량을 인간이 모두 꺼내 쓰지는 못한다. 앞서 쇠똥을 연료로 사용할 수 있다고 얘기했는데, 실은 인간의 변도 말려서 태우면 연소된다. 왜냐하면 인간의 변에는 적지 않은 열량이 포함되어 있기 때문이다. 인간이 섭취했으나 완전하게 분해하지 못한 열량이다.

열량 수치로 설명해보자. 하루에 2,500킬로칼로리를 먹었다 치자. 그 열량의 일부분은 몸에서 소비되고 일부분은 몸에 축적되고 일부분은 변을 통해 나온다. 우리는 자신의 변에 어느 정도의 열량이 남아 있는지 잘 모른다. 고도로 정밀한 기계로 분석하지 않고는 변에 포함된 열량을 측정하기란 여간 어렵지 않다. 사람마다 소화 능력과 에너지 사용 및 변용 능력(이를 대사 능력이라고 한다)이 다르다. 그래서 같은 음식을 먹어도 어떤 사람은 2,500킬로칼로리 중에 100킬로칼로리를, 어떤 사람은 200킬로칼로리를 변을 통해 버린다. 결국 전자의 사람은 실제로 2,500킬로칼로리가 아닌 2,400킬로칼로리를 먹은 셈이고 후자는 2,300킬로칼로리를 먹은 셈이 된다.

같은 사람이라도 어떤 음식을 어떻게 먹었고 그날의 소화 능력이 어떻게 발휘되었는가에 따라 음식으로부터 빼앗아 쓴 열량이 다르다. 그래서 똑같은 식단의 음식을 두 끼니에서 똑같이 먹었다 해도 앞 끼니의 변에 포함된 열량과 뒤 끼니에 포함된 변의 열량이 다를 수 있다. 그러니 같은 음식을 먹는다고 해서 우리가 항상 같은 열량을 섭취하는 경우는 오히려 찾아보기 어렵다. 이론으로는 같아야 하지만 현실에서는 동일하지 않다. 예를 들어보자. 같은 식단의 두 끼니가 있다. 한 번은 두 끼니를 네 시간 간격으로 먹고 다른 한 번은 스물네 시간 간격으로 먹는다. 전자의 네 시간과 후자의 스물네 시간 동안에는 물 이외에 아무것도 먹지 않는다. 그렇다면 각각의 경우에서 우리 몸은 언제 먹은 두 번째 끼니에서 더 많은 열량을 빼앗아 쓸 수 있을까. 답은 후자다. 첫 번째 끼니와 두 번째 끼니의 사이가 스물네 시간이라면 상당히 배가 고플 것이고, 그러고 나서 먹은 두 번째 끼니는 우리 몸이 애타게 기다리던 음식이었을 것이다. 그래서 우리 몸은 한동안 얻지 못한 영양소와 열량을 받아들이기 위해 그 음식에서 최대한의 영양소와 열량을 뽑아낸다. 네 시간 간격의 경우에서 먹은 두 번째 끼니의 대변이 스물네 시간 후 먹은 두 번째 끼니의 대변에 비해 열량을 더 많이 가지고 있는 것이 자명하다. 이렇게, 우리 몸은 필요한 것이 무엇이고 그 필요성이 얼마나 절실한지에 따라 영양소와 열량을 흡수하는 성능이 달라진다.

사람마다의 열량 활용 정도는 유전에 따라, 성별에 따라, 연령에 따라 다 다르다. 어린이는 대사 능력이 높아 음식으로부터 최대한 많은 열량을 뽑아 쓰는 반면 노인은 그 능력이 현저하게 떨어져서 양질의 영양성분을 먹어도 모두 흡수한다는 보장이 없다. 그러니 우리가 일일이 작성하는 다이어트 일지가 얼마나 정확한가에 대해서는 한 번쯤 곱씹어볼 일이다. 사람마다 얼굴 생김새만큼이나 서로 다른 대사 능력을 고려한다면, 우리가 알고 있는 칼로리 계산은 상당한 오차를 전제하고 있는 것이다.

둘째, 음식이 가진 열량을 정확하게 계산하기가 어렵다. 이미 설명하였지만 인간이 먹는 음식에 들어 있는 열량을 환산하는 방법은 극히 간단하다. 음식에 탄수화물, 지방, 단백질이 얼마나 들어 있는가만 알면 된다. 인간이 먹는 대부분의 음식에 포함된 영양소의 함량은 매우 구체적으로 알려져 있다. 호박이면 호박, 두부면 두부, 우유면 우유, 달걀이면 달걀.

문제는, 음식의 영양소 함량이 비교적 정확하다 해도 먹는 방식에서 오차가 발생한다는 것이다. 사과 반 개에는 어느 정도의 영양소가 들어 있을까. 큰 사과와 작은 사과 사이에는 어느 정도 함량 차이가 날까. 호박은 어떨까. 보통의 경우 호박을 하나 통째로 먹지 않는다. 조각을 내서 먹는다. 그러니 호박 몇 조각에 어느 정도의 영양소가 들어 있는지 파악하기는 쉽지 않다. 구워 먹는 삼겹살은 어떨까. 겨우 익힌 삼겹살과 바싹 익힌 삼겹살은 같은 지방량을 가지고 있지 않다. 바싹 익힐수록 지방량은 더 많이 사라진다. 그나마 여기까지는 쉽다. 식재료를 복합적으로 섞어 조리해 먹는 경우에 얘기는 더 복잡해진다. 된장찌개를 생각해보자. 흠, 어떤 재료가 얼마나 들어갔더라.

미국과 우리나라는 물론, 대부분의 국가는 자국 국민들이 먹는 음식에 어떠한 영양소가 들어 있는지 알려주는 책자를 만들어 배포한다. 그 책자에는 없는 음식 없이 모든 음식이 망라되어 있다. 우리가 감탄할 정도로 다양한 음식의 영양소 함량과 칼로리 함량이 세세히 기록되어 있다. 일정 기간에 한 번씩 개정판을 내주는 친절도 잊지 않는다. 그러나 일상에서 우리가 먹는 음식의 열량은 이 책자에서 보여주는 내용과 조금 거리가 있다. 된장찌개의 경우 무엇을 어떻게 넣는가에 따라 달라지기도 하고, 그 안에서도 무엇을 떠먹는가 또한 사람마다 다르기 때문이다. 그러니 식탁에서 흔히 접하는 음식이 가진 열량과 영양소를 정확하게 계산하기란 거의 불가능하다.

셋째, 먹은 것을 기억하거나 기록하는 과정에서 오차가 발생한다. 음식을 어느 정도 섭취했는가를 추정하고 계산하는 방법은 크게 둘로 나뉜다. 하나는 먹은 음식의 종류와 양을 직접 정확하게 측정하는 경우, 다른 하나는 설문지, 일지, 회상을 통해 먹은 것들을 선택하거나 열거하는 경우다. 전자는 영양학 연구에서 가장 정확한 방법의 하나로 꼽히지만, 음식 섭취에 관련해 전문적인 교육과 경험을 갖춘 영양사에 의해서만 가능한 방법이다. 병원이나 시설, 수용소에서만 사용할 수 있는 방법이라 많은 사람을 대상으로 한꺼번에 적용할 수 없다.

후자는 일반적인 영양학 연구에서 사용되는 방법이다. 그런데 연구 대상자들이 워낙 다양한 생활유형을 가지고 있어서, 이들의 협조와 지식과 경험과 의지에 의존할 수밖에 없다. 자연스럽게 정확도는 떨어지게 마련이다. 전자의 경우 특정 몇몇 사람을 관찰하기에 안성맞춤이라면 후자는 많은 사람을 대상으로 실행할 때 선택하는 연구 방법이다.

흔히 열량 계산을 할 때는 후자의 방법을 자주 사용하기 때문에 상당한 변수와 오차가 동반된다. 사람마다 서로 다른 주관적 기준을 가지고 있어서 한 컵의 기준, 한 티스푼의 기준, 한 그릇의 기준, 한 개의 기준이 서로 다를 수밖에 없다. 영양학을 연구하는 사람들도 이 방법이 가진 오차를 인정한다. 그러나 이 방법 외에 현실적으로 가능한 방법을 찾을 수 없으므로 이 방법에 의존하는 것이다.

넷째, 운동 또는 활동량의 열량 계산 역시 정확하기가 어렵다. 보통 우리는 계단 오르기를 하면 몇 칼로리, 조깅은 몇 칼로리, 등산은 몇 칼로리, 줄넘기는 몇 칼로리, 런닝머신에서 몇 킬로미터의 속도로 몇 분을 뛰면 몇 칼로리를 소비하는지 알고 있다. 그러나 절대 이 수치를 믿어서는 안 된다. 영양학의 추정 방식이 그나마 직접적이든 간접적이든 측정을 기본으로 한다면, 운동량은 측정이 아닌 추정을 전제로 한다. 다시 말하지만 우리가 주위에서 듣고 보는 운동으로 소비하는 칼로리량 수치는 측정치가 아닌 추정치다.

칼로리 소모를 알려주는 런닝머신을 이용한다고 치자. 같은 체중을 가진 두 사람이 같은 속도로 같은 시간 동안 런닝머신에서 조깅을 하였다. 그렇다면 이 두 사람의 열량 소비량은 동일할까? 이론적으로는 같다. 그리고 런닝머신도 같은 결과를 보여준다. 그런데 그 두 사람이 한 사람은 마라톤 선수고 한 사람은 런닝머신을 처음으로 뛴 사람이라면 어떨까. 그러면 두 사람의 열량 소비량은 같을 수가 없다. 마라톤 선수가 훨씬 더 적은 열량을 소비한다. 그 이유는 마라톤 선수는 뛰는 것에 적응되어 있기에 적은 근육만을 사용해도 같은 속도로 뛸 수 있기 때문이다. 그래서 두 사람의 열량 소비는 다르게 나타난다. 그러나 런닝머신은 그것을 고려하지 않는다. 같은 체중의 사람은 동일하게 취급한다. 이러한 일이 발생하는 이유는 런닝머신 안에 내장된 프로그램이 이것만을 고려할 수 있기 때문이다. 사람의 실제 에너지 소비량을 측정하는 것이 아니다. 우리가 알고 있는 거의 모든 운동량 수치는 이러한 방식으로 알려진 것이다. 그래서 운동량 수치는 한 사람의 에너지 소비량을 대략적으로만 알려준다.

활동 유형에 따라 칼로리 소비량을 대략적으로 추정하는 방식 말고도 연구에서 사용하는 칼로리 소비량 추정 방법도 있다. 이는 영양소 섭취량 조사 연구에서와 마찬가지로 자신의 신체 움직임을 회상하거나 기록하는 방법을 택한다. 학자들은 연구 대상자들에게 일정 기간 동안 어떻게 움직였는가를 물어, 즉 인터뷰로 얻은 자료에 의해 활동량을 추정한다. 또는 연구 대상자들이 자신의 하루 활동 유형과 시간을 직접 기록하게 하는 방법도 있다. 일지를 작성하는 것이다. 그리고 작성된 일지는 전문가에 의해 분석되거나 자신이 직접 가이드라인에 의해 칼로리 소비량을 추정한다. 두 방법 모두 연구 대상자들의 기억에 의존하는 것으로, 어떤 사람은 잘 기억을 못하고, 어떤 사람은 마치 자신이 굉장히 많이 움직인 것처럼 과장하기도 하며, 어떤 사람은 연구에서 요구하는 것을 충족시키기 위해 거짓말을 한다. 그래서 이런 방식의 추정은 상당한 오차를 가지게 되고 정확도에 대한 확신을 얻기가 어렵다.[74]

그렇다면 직접 측정한다고 하는 활동량계는 어떨까. 활동량계란 손목이나 허리에 차고 있으면 하루 또는 일정 시간 동안 자신의 움직임을 기계적으로 감지해서 그 양과 칼로리 소모량을 알려주는 기계다. 활동량계는 값이 싼 원시적인 유형의 만보계부터 100만 원대를 훌쩍 넘는 가속도계accelerometer까지 다양하다. 만약 이런 기계를 차고 활동량 또는 칼로리 소비량을 측정하면 그 정확도가 높아질까. 위에서 설명한 두 방법, 그러니까 운동기구나 교과서의 부록표에서 알려주는 칼로리 소비량 혹은 회상지나 기록지를 이용해 분석하는 방법에 비해 비교적 정확도를 유지한다고 알려져 있다. 그러나 활동량계가 다른 방식에 비해 정확도가 더 높다고는 해도 정확한 칼로리 소비량을 알려주는지에 대해 학자들은 의문을 던지고 있다. 활동량계가 알려주는 수치 또한 추정치이기 때문이다.

결국 열량 섭취와 열량 소비를 계산하는 것은 쉽지 않다. 이론적으로는 칼로리균형이라는 개념이 맞지만 실제로 적용하기에는 무리가 있다는 얘기를 이렇게 길게 한 것이다. 그럼에도 우리가 여기에 목을 매는 이유는 지금 소개된 방법들이 학계가 알고 있는 측정 또는 추정 방법의 전부이기 때문이다. 우리는 아직 정확하게 열량 섭취와 소비량을 일상에서 측정하고 계산하는 방법을 모른다. 글자 그대로 추정할 뿐이다. 그런데 문제는 우리가 그 수치들을 사실로 받아들이고 그것이 과학에 근거한 정확한 개념으로 믿고 있다는 점이다. 현재 학계에서는 에너지균형의 원리를 이용하여 섭취와 소비를 정확하게 계산할 수 있는 방법을 찾고 있지만 요원하다. 그 사이 사람들은 오늘도 다이어트 로그북을 들고 열심히 기록하고 있다.

비만에 대한
새로운 해석

칼로리란 무엇인지 알아봤고, 칼로리균형에 대해서도 설명했으니 이제 비만에 대해 생각해보자. 사람들에게 비만의 원인이 무엇이냐고 물어보면 한결같은 답을 한다. "너무 많이 먹고 덜 움직여서" 그렇다는 것이다. 그렇다. 전문가도 삼척동자도 이제 비만의 원인이 무엇인지 안다. 아니, 아는 것처럼 얘기한다.

그렇다면 '더 먹고 덜 움직여서'라는 문구는 어디서 등장했을까. 이게 바로 에너지균형, 열량균형 또는 칼로리균형의 원리를 반영한 답이다. 다시 말해서 섭취 에너지와 소비 에너지 간의 균형, 섭취 열량과 소비 열량 사이의 균형인 것이다. 먹고 움직이는 것을 균형의 문제로 보아 이 둘의 균형이 깨질 때 살이 찌거나 빠지는 것으로 생각하는 것이 이 답의 근간이다. 그런데 이러한 해석은 칼로리균형의 원리만큼이나 단순한 답이다. 인간의 몸은 그리 단순하지 않다.

인간의 몸은 자신에게 모자란 것이 있으면 어떻게든 찾아 잡으려 하고, 반대로 너무 많아 남는 것이 있으면 나중을 위해 저장하거나 버린다. 그래서 크게는, 더 먹고 덜 먹는 것이 체중을 변화시키는 가장 큰 원동력이지만 그보다 작은 규모에서 인간의 몸이 체중을 찌우거나 빼는 것은 훨씬 복잡한 기전을 가진다.

그럼 열량 섭취와 소비 말고 또 다른 체중조절 기전이 있다면 그것은 과연 무엇일까. 또다시 위에서 설명한 내용으로부터 답을 찾아보자. 체중은 우리 몸이 무엇을 어떻게 원하는가를 정확하게 반영하는 거울이다. 우리 몸이 어떤 이유든 간에 찌는 것으로 결정을 한다면 어떻게든 찐다. 그래서 적게 먹어도 그 적은 음식에서 얻을 수 있는 거의 모든 것을 얻는다. 반대로 우리 몸이 어떤 이유로든 빠지는 것으로 결정한다면 어떻게든 빠진다. 그래서 음식을 많이 먹어도 그 많은 것들이 상당 부분 우리 몸에서 다시 빠져나간다. 그리고 찌든 빠지든 적정한 수준에서 우리 몸은 그 체중을 유지한다. 이것이 바로 자신의 체중이라는 것이다. 그리고 이 경우 우리가 알고 있는 칼로리균형의 원칙은 적용되지 않는다. 우리 몸이 공급되는 음식량과 에너지량에 수동적으로 반응하는 것이 아니라 능동적으로 자신의 체중을 조절하는 적극성을 가진다는 말이다.

그래서 인간이라는 동물은 자신의 체중 결정권을 가지고 대략적으로 어떤 범위의 체중과 체구를 가지게 된다. 그 대략적이라는 수준은 참으로 규정하기 힘들어서, 어디까지가 살이 찐 것이고 어디까지가 마른 것인지 규정할 수 없다. 다만 살아가면서 질병과 감염에 강하게 버틸 수 있고, 먹고 자고 싸고 뛰어다니는 데 크게 구애받지 않는다면, 그 인간은 적정한 건강을 유지하는 것이며, 그때 가지고 있는 체중이 바로 자신의 체중인 것이다. 바로 능동적 반응과 적응의 산물이다.

그렇다면 우리 사회가 말하는 비만이란 무엇일까. 사실 나의 전작인 《비만 히스테릭》에서 보다 자세히 기술했지만, 비만이란 인간이 만든 가상의 질병이다.[75] 현재 비만을 규정하는 데 가장 많이 사용하는 지표는 '체질량지수body mass index'(킬로그램으로 측정한 체중을 미터로 측정한 키의 제곱으로 나눈 수치. 즉 kg/m^2)인데, 이를 이용해 일정한 수준 이하면 저체중 그리고 단계적으로 범위를 정해 정상체중, 과체중, 비만으로 구분하고 있다. 이러한 규정만을 보더라도 비만이 질병이 아닌 이유는 명백하다. 비만을 규정하고 판정하는 단위가 지표index라는 데 그 이유가 있다. 지표란 생물학에서 생명체의 기능과 상태를 명확하게 나타내는 표현이 아닌, 학자들이 현상을 이해하려고 고안한 단위에 불과하다. 생물학적 개념이 아닌 수학적인 개념이라는 것이다.

생물학적 개념과 수학적 개념의 차이는 이렇다. 당뇨병을 보자. 당뇨란 핏속에 포도당glucose이 얼마나 포함되어 있는가로 표현된다. 그래서 일정한 당의 수치보다 높게 나타나면 당뇨병으로 진단한다. 혈중 당수치를 표현하는 단위는 데시리터당 밀리그램mg/dL이다. 이는 화학적 단위이며 명확한 생물화학적 기능을 가진다. 당뇨병은 그래서 질병이다. 혈압을 보자. 혈압은 물리적 개념으로 표현되며 그 단위는 밀리미터수은주mmHg다. 혈압이 높거나 낮으면 혈관벽이 상하거나 혈액의 공급이 원활하게 이루어지지 않는다. 그래서 일정한 혈압을 유지하는 것이 중요하다. 혈압은 생물물리학적인 기능을 가지기에 고혈압과 저혈압은 질병이다. 이와는 대조적으로 비만을 규정하는 단위는 통계수학적 개념이다. 그래서 비만이 생물학적으로 어떻게 해석되고 기능하는지는 수치로는 알 길이 없다. 결국 지표로 표현되는 비만을 질병으로 분류하거나 이해할 수는 없다.

　비만이 질병이 아닌 또 다른 이유는, 몸의 상태를 규정하고 있는 저체중, 정상체중, 과체중, 비만의 범위가 인위적이기 때문이다. 이러한 구분은 어떤 생물학적인 현상이 그 범위의 이동에 따라 다르게 나타나는 것이 아니라 대략적인 수학적·통계적 방식으로 구분한 경계선에 불과하다. 그렇기 때문에 사람들이 점점 무거워지면서 점차적으로 비만 인구는 증가한다. 이를 지표로 표현하면 사회 변화에 따라 과체중이나 비만에 해당하는 사람의 수가 증가할 수밖에 없다.[78] 근접 미래에는 결국 거의 모든 인간이 비만 인구에 해당하게 될 것이다. 인간의 수명이 연장되어도 말이다.

비만이 얼마나 허황된 것인가를 보여주는 결정적인 증거는 저체중은 물론 정상체중인 사람들보다 과체중인 사람들이 더 오래 산다는 것이다. 미국의 국립보건통계센터National Center for Health Statistics의 프레걸Katherine Flegal 박사 등은 이미 발표된 97개의 연구들을 면밀히 검토한 후, 국제적인 기준으로 '과체중'이라고 여겨지는 사람들이 '정상'이라고 여겨지는 사람들에 비해 사망의 위험이 6퍼센트 낮게 나타나는 것으로 보고하였다.[77] 몇몇의 이해집단이 만들어놓은 구분인 정상체중의 인구가 오히려 과체중 인구보다 더 일찍 죽는다는 것이다. 질병으로 확신하고 그 위험 경계를 만들어놓았지만, 실제 사람들의 사망률과 맞지 않는 것이다. 질병이라고 규정을 했지만 그 질병에 대한 규정조차 하지 못한다는 증거다.

그럼에도 불구하고 2013년 6월 18일 미국 의사들의 최대 조직인 미국의사협회American Medical Association는 시카고에서 연례회의를 열고 비만이 질병이라고 공식적으로 지정했고,[78] 이와 함께 '비만 치료와 예방을 더욱 진작시키기 위해 일정 범위의 의학적 중재가 필요함'을 강조하였다. 미국의사협회의 결정이 순탄하게 진행된 것은 아니었다. 찬반 논쟁이 팽팽했음에도 이런 결정을 내릴 수밖에 없는 긴박한 배경이 있었는데, 신체질량지수로 표현되는 미국의 비만 인구가 1997년부터 2012년까지 약 15년 사이에 50퍼센트가 증가해 현재 미국인 세 명 중한 명이 비만으로 분류되었기 때문이다. 결정의 배경에는 의사들의 책임에 대한 자성도 있는 듯 보인다. 예를 들어 비만이 단지 '더 먹고 덜 움직이기 때문'이라고 생각하는 사회 분위기처럼 단지 개인의 노력에 맡기기에는 현재의 상황이 너무 다급하다는 인식이 의사들 사이에 작용했던 것이다. 미국의사협회 또한 비만은 단순한 병이 아닌 "복잡한 질병"이며 "이번의 결정이 사람들의 태도를 바꾸기를 바란다"고 덧붙였다.

그러나 이처럼 비만을 질병으로 규정했음에도, 시간이 갈수록 더 많은 학자들이 비만에 대한 규정과 치료 방법에 대해 조심스럽게 경고를 보내고 있다. 최근 들어 점점 더 많은 연구들이 과체중이 수명을 단축하지 않는다고 결론짓고 있으며, 실제로 나이가 들수록 과체중이 수명을 연장하는 것으로 나타나고 있다.[79] 이것이 체중과 수명의 관계를 설명하는 진실이다. 그렇기 때문에 비만을 질병으로 규정할 것인가의 문제에 접근하기전에 일단 비만이 제대로 평가되고 그 원인이 무엇인지를 밝히는 것이 더욱 중요하다.

그렇다면, 우리 사회가 알고 있는 비만이라는 현상은 정말 실체가 없는 것인가? 그렇지는 않다. 누가 봐도 정상적이지 않은 체중을 가진 사람들이 분명히 있다. 특히 미국에서 이런 비만이 자주 보인다. 가끔 해외토픽을 보면 침대에 수개월, 수년간 누워서 이동도 못하고 먹기만 하다가 세계에게 가장 무거운 사나이로 불리고 나서야 기중기로 병원으로 옮겨지는 사람들도 있다. 그러니 비만은 분명 존재하는 것이다. 그러나 신체질량지

수나 체지방량으로 과체중과 비만을 규정하고 이를 마치 진실인 양 왜곡하는 그러한 비만은 존재하지 않는다는 것이다.

그렇다면 비만이란 무엇인가. 나는 이것이 먹는 것과 관계가 있다고 보고, 먹는 것으로 비만을 해석하려는 사람이다. 다시 한번 명확히 하고 싶은 것은, 비만을 체중으로 규정하고 따질 수 없다는 것이다. 체중은 인체의 모든 것을 대변하는 창구다. 사람들은 저마다 자신의 뇌에서 조정하고 조절하는 특정한 수준의 체중을 갖는다. 사람들은 저마다 그 수준을 유지하고 있을 뿐이다. 그래서 그 체중을 저버리고 살을 빼면 고통스럽고, 살이 찌려고 아무리 먹어도 안 찌는 사람이 있다. 인간은 태어나면서부터 고유하게 자신의 체중을 조절하는 능력을 갖는다. 체중은 자율신경계의 자유로운 조정에 의해 유지되는 결과물이다. 그래서 비만은 비만이라 불리기보다는, 내가 지은 이름이지만, '자동 체중조절 능력 상실 증후군'쯤으로 명명하는 것이 옳다.

그러면 '자동 체중조절 능력 상실 증후군'의 원인은 무엇일까. 누차 설명하였듯, 나는 식탁을 음식으로 채우지 않고 영양으로 식단을 짜고 배열하는 것에서 비롯된다고 생각한다. 언제부턴가, 어디서부턴가 자신의 체중을 자동적으로 조절하는 인간의 능력에 혼란을 야기시키거나 망가뜨리는 것이 존재하게 되었다는 것이다. 물론 체중을 조절하는 능력에 동원되는 인체 기능은 상당히 다양할 것이다. 대뇌는 포만감, 배고픔, 특정한 음식에 대한 갈구를 조장하고 관리한다. 소화기는 과다한 것

251

을 적정하게 저장하거나 배출하고 모자란 것을 더 충당하려고 한다. 대사 기능은 필요한 영양소를 적재적소에 배치하고 분해할 것과 합성할 것들을 적정하게 수행하고 또 순환시킨다. 이런 것은 살아 있는 유기체로서 태어날 때부터 가진 인간 고유의 기능이다. 정상적으로 작동하는 생리적 현상인 것이다. 그리고 이런 기능들을 망치는 것이 바로 잘못된 식단과 식습관 그리고 잘못 만들어진 제조음식, 공정음식, 정제음식이다. 이 짝퉁음식들은 간편하고 손쉽다는 나름의 장점(?)을 등에 업고 인간의 극히 정상적이고 기본적인 기능들을 마비시키거나 망가뜨리고 있다. 결과적으로, 인간은 총제적인 체중 조절에 혼란을 경험하고 있다.

정리하자면, 비만은 더 먹고 덜 움직여서 발생하는 것이 아니라 잘못된 음식의 섭취에 의한 체중조절 기능 상실의 결과다. 인간은 칼로리의 원칙에 근거해 수동적으로 체중을 불리고 줄이지 않는다. 이보다는 훨씬 복잡하고 정교한 자기만의 체중조절 기능을 유지하고 있으며, 그것이 정상적으로 작동될 수 있도록 능동적으로 움직인다. 그러니까 흔히 정상체중이라고 불리는 사람이라 해도 체중조절 기능을 상실한다면 건강하지 않은 사람일 수 있다. 또한 약간 과체중으로 불리는 사람이라 해도 자신의 체중이 정확한 생리적 기능에 능동적으로 반응한 결과라면 건강한 사람이다. 체중으로 비만을 진단하기보다는 좀 더 심층적인 판단 기준으로 평가할 필요가 있다.

건강한 체중을
위한 식사

체중은 성취해야 할 목표가 아니다. 자신이 과체중으로 평가되어 정상체중으로 가기 위해 살을 빼야 한다고 생각한다면, 이는 잘못된 지식에 의한 잘못된 선택이다. 만약 체중을 빼고 정상체중으로 진입한들 이 사람은 그 새로운 체중에서 고통스러운 나날을 보내거나 건강상의 불이득을 얻게 될 확률이 높다.

다이어트는 대표적으로 인위적인 체중조절 과정이다. 우리 몸이 매우 싫어하며 겪고 싶어하지 않는 과정이다. 다이어트가 시작된 처음 며칠 동안에는 우리 인체도 크게 반응하지 않지만 그 시간이 길어질수록 상당히 까칠하게 대응한다. 먹고 싶은 것에 대한 갈구가 커지고 몸에 들어온 음식을 빠르게 흡수하고 탐닉하며, 배설을 최소화해서 음식으로부터 되도록 모든 것을 빼앗아 쓰려 한다. 그래서 다이어트는 시간이 지나면 지날수록 더욱 고통스러워지고 체중감소 속도는 주춤하게 된다. 그나마 몸이 건강하기에 이렇게 반응하는 것이다. 우리 몸이 건강하기에, 몸은 주인의 선택을 거부하고 반항하며 체중의 손실을 끝까지 막으려고 고군분투하는 것이다.

습관적인 다이어트의 문제는 더욱 심각하다. 우리 인체는 반복적인 다이어트를 반복적인 열량 제한의 도전으로 인식한다. 그래서 우리 몸은 열량이 몸속에 들어오는 것이 제한되는 징조가 보이면 더욱 빠르게 예민해진다. 그리고 음식이 들어오는 기회를 놓치지 않고 더 많은 에너지를 확보하려 노력한다. 무슨 얘기인가 하면, 반복적인 다이어트를 하는 사람의 몸은 음식에 대한 소화·흡수율이 증가하고 이전의 체중보다 더 높은 체중을 미리 확보하려 한다는 것이다. 이것이 흔히 말하는 요요현상이다. 음식을 자주 공급하지 않으니 우리 몸은 이것을 알아채고 기회가 될 때 더 많은 것을 챙기고자 노력하는 것이다. 요요는 정상적인 생리현상이며 최소한 건강하다는 방증이다.

체중은 내 생활의 결과물이다. 내가 잘 먹고 잘 싸고 잘 자고 잘 움직이고 스트레스를 받지 않는 상황에서 그 체중을 얻었다면, 바로 그 체중이 나에게 맞는 체중이다. 왜냐하면 이 사람은 정상적인 식생활과 움직임을 통해 이 체중을 얻었기 때문이다. 이처럼 체중은 인간의 지식에 기반한 목표치로서 얻는 것이 아니라 잘 살다 보니 거기에 도달한 결과물이 될 수밖에 없는 것이다. 지식으로 원하는 체중을 얻는 것이 아니라 몸이 자연스럽게 도달하도록 놔두어야 한다.

　분명 체중은 변한다. 한동안 먹지 않아도 변하고, 한동안 무지하게 잘 먹어도 변한다. 그러나 결국 체중은 자신의 위치로 돌아간다. 체중은 그렇게 일정한 범위 내에서 빠지거나 찔 수 있다. 그 정도 운신의 폭은 우리 몸도 항상 준비하고 있다. 그럼에도 체중이 변하는 경우도 있다. 그 이유가 무엇이든 체중이 변하려면 오랜 시간에 걸쳐 변하는 것이 상례다. 급격한 내분비계의 변화에 의해 순간 찌기도 하지만 이러한 경우도 결국은 자신의 자리로 차차 돌아가기도 하며, 아니면 다시 새로운 체중을 자신의 체중으로 인식하는 과정을 천천히 거친다. 여하튼 인체는 자신의 체중이라는 비교점을 가지고 있으며, 시간에 따라 변하기도 하지만, 궁극적으로는 이 비교점에서 체중을 유지한다. 그래서 우리는 체중을 조절하는 것에 심취할 것이 아니라, 어떻게 체중이 건강하게 조절될 수 있도록 할 것인가에 초점을 맞추어야 한다. 그 최선의 방법이 바로 건강한 음식을 먹는 것이다.

9장

우리는 무엇을 어떻게
먹을 것인가

음식을
보는 눈

생물학적으로 음식은, 단순히 인간이 살아가는 데 필요한 에너지와 영양분을 얻는 유일한 대상이라고 표현할 수 있다. 음식은 화학적 에너지 덩어리이며, 인간은 음식을 먹어서 그 에너지를 빼 쓰는 기계와 같다. 인간의 몸은 그 많은 화학적 덩어리 중에서 단지 탄수화물과 지방, 단백질이라고 불리는 덩어리만을 에너지원으로 취급한다. 기타 영양소는 몸에 필요한 것들이기는 하지만 에너지원은 아니다.

인체를 보자. 인체는 수조 개의 세포들이 모여 사는 공동체다. 각각의 세포는 살기 위해 음식으로부터 자신의 구조물질과 에너지를 얻고자 한다. 음식은 그것들을 충실히 공급해준다.

인체는 필요한 것들만 정도껏 사용한다. 많다고 굳이 더 많이 사용하거나 과다하게 쟁여놓지 않는다. 너무 많거나 필요 없으면 버린다. 이런 기능을 완벽하게 추구하도록 만들어진 대뇌에 의해 능동적으로 조절된다.

음식과 인체의 생물학적인 기능을 이해하면, 음식을 어떻게 먹을 것인지 조금은 쉽게 접근할 수 있다. 첫째, 충분히 먹어야 한다. 몸이 필요로 하는 영양소와 에너지가 모자라지 않도록 충분히 먹어야 한다는 것이다. 배가 터지게까지는 몰라도 충분히 포만감을 느낄 수 있을 정도로 먹는 것이 옳다. 또한 가리지 말고 먹어야 한다. 원칙적으로, 건강에 좋은 음식과 몸에 나쁜 음식은 따로 없다. 인간이 먹어오던 것들이라면 거의 모든 음식이 인간에게 유용하다. 그러니 가려 먹을 것이 아니다. 가려 먹지 말라는 것은 단지 좋아하는 음식과 싫어하는 음식으로 한정하는 말이 아니다. 생선이라면 살코기뿐 아니라 여러 부위를 모두 먹는 것을 포함한다. 통째음식으로 표현할 수 있다. 인체는 갖가지 음식을 먹을수록 좋아한다. 다양한 음식을 탐하는 것은 그래서 인체에 좋다. 세포들이 다양한 종류의 영양소를 접하는 기회가 되기 때문이다.

인체는 자신이 필요로 하는 영양소와 에너지량을 정확하게 알고 있다. 누가 결정해주는 것이 아니다. 인간은 태어날 때부터 거의 완벽한 인체조절 능력을 가지고 있다. 그래서 하나의 인체는 다른 인체와 비교되지 않으며, 완벽한 독립성을 가지고 운영된다. 그러니 더군다나 인간의 지식이 참견할 것이 아니다. 어떤 영양소가 더 필요한지, 에너지량이 얼마나 필요할 것인지는 인간의 지식이 결정할 것이 아니다. 음식의 공급만 적정하고 안정적이라면 나머지는 모두 인체가 알아서 진행시키는 것들이다. 인간이 음식을 먹기도 전에 미리 걱정할 필요는 없다. 인체는 그것을 수백만 년 동안 해본 경험이 있다. 100여 년의 짧은 영양학 지식은 인체의 기능 앞에서 겸손해야 한다. 그래서 인간이 할 수 있는 일은 그리 많지 않다. 이미 설명하였듯이 충분히, 다양하게, 안정적으로 음식을 먹어주는 것 말고는 거의 없다.

그런데 이렇게 단순한 음식 먹기가 왜 최근 들어 문제가 되고 있을까. 아마도 다음의 두 가지 문제 때문이 아닐까 싶다. 하나는 먹는 음식이 예전만큼 자연스럽지 못하다는 것이고, 다른 하나는 그 음식들이 인체의 정상적인 고유 기능을 점차 무능하게 만든다는 것이다. 이런 문제는 인간에 의해 발생한 것인데, 인간은 이런 잘못을 인지하지 못한 채 다시 자신의 지식으로 이를 해결하려고 달려들고 있다. 우리가 이러한 사실을 이해한다면, 우리의 음식 선택과 먹기를 어떻게 할 것인가가 자동적으로 드러난다. 깨끗한 음식을 먹는 것이다.

깨끗한 음식이란, 가능한 한 자연이 생산한 그대로의 것들, 자연이 생산한 것에서 특별히 빼거나 더 첨가하지 않은 먹을거리로 설명될 수 있다. 만약 이런 음식의 공급이 보장된다면 위에서 지적한 두 문제는 자연스럽게 해결된다. 음식은 머리로 먹는 것이 아니라 몸으로 먹는 것이다. 우리 몸이 가장 좋아하는 것은 역시 자연적인 것이다.

영양학에서 권장하는 방식을 그대로 믿을 필요도 없다. 영양 권장사항이란 인간이 알고 있는 지식에 기반한다. 그러나 우리가 음식과 영양소에 대해 알고 있는 것은 대단히 협소하다. 그 협소한 지식을 기반으로 만들어진 영양 권장사항을 철석같이 믿어서는 안 된다. 영양 권장사항에는 알려진 것만이 포함되며, 알려지지 않은 것은 포함되지 않는다. 그러니 우리는 어쩌면 미래에 발견될 지식을 모른 채 지금의 제한된 지식을 기반으로 먹는 오류를 범하고 있는지도 모른다. 영양 권장사항은 인간이, 그것도 갖가지 이해관계를 가진 인간들이 만든 것이지 인체가 원하는 것이 아니다.

건강한 식탁
만들기

음식을 통째로 먹어라. 자연에서 생산된 그 자체의 신선한 음식을 먹어라. 첨가물을 피해라. 가리지 말고 먹어라.

이러한 음식 먹기를 모르는 사람이 있을까. 그럼에도 이렇게 먹지 못하는 이유는 몰라서가 아니다. 이렇게 실천하기 어려운 우리 사회의 환경 때문이다. 쉬운 말이지만 실천은 그리 만만치 않다. 그리고 한두 번 실행함으로써 해결될 문제가 아니기에 더더욱 쉽지 않아 보인다. 그렇다고 포기할 것인가. 그럴 수는 없다. 시쳇말로 먹자고 하는 짓인데.

다음은 건강한 식탁을 만드는 몇 가지 제안이다. 제안의 대부분은 먹는 것을 직접적으로 언급하지 않는다. 지금까지 영양학의 맹점에 대해 설명했는데, 여기서 다시 어떻게 먹으라고 하면 그 자체가 모순일 수 있다. 여기서의 제안들은 우리가 음식을 어떻게 대하며, 어떻게 행동할 것인가에 초점을 맞추고 있다. 현재의 우리가 건강한 식탁을 만들기 위해, 영양학을 고민하기보다는 먹는 행위의 변화를 꾀하고 실행하자는 것이다. 음식을 더 잘 먹으려 고민하기보다는 자신의 음식문화를 스스로 능동적으로 바꾸는 것에서부터 건강한 먹을거리를 찾자는 제안이다. 표면적으로는 현대 이전의 식습관으로 돌아가는 것처럼 보일 수 있고 사실이 그렇다.

첫 번째 제안은 먹는 것에 대한 즐거움과 아름다움을 다시 생각해보자는 것이다. 식단을 구성해보는 즐거움, 같이 먹는 즐거움과 행복, 음식을 놓고 할 수 있는 많은 이야기와 소통, 이런 것들의 가치를 조금은 더 생각해볼 필요가 있지 않을까. 인간의 육체에 미치는 음식의 중요성과 음식으로 형성되는 가치와 아름다움을 다시 한 번 곰곰이 생각해볼 일이다. 음식의 중요성과 고마움을 조금이라도 더 인식한다면 우리는 음식을 함부로 대하지 않을 것이며, 음식을 다룰 때나 먹을 때도 나름의 방식을 정립할 수 있을 것이다. 건강을 위한 실용적인 측면으로만 음식을 바라봐서는 안 된다. 현대의 음식 먹기는 실용적 가치만을 부각시킨 면이 적지 않다. 음식은 가치와 아름다움과 실용성을 모두 갖추고 있는 인간사회의 총체적 활동이다.

두 번째는 되도록 농촌과의 직거래를 이용하거나 작더라도

9장 우리는 무엇을 어떻게 먹을 것인가

텃밭을 가꿔보자는 것이다. 직거래는 조금 비경제적일 수 있고 귀찮기도 할 것이고, 원하는 것을 바로 구입할 수 없는 단점을 가진다. 그렇다고 지금의 제조음식이나 공정음식 같은 짝퉁음식을 싸고 빠르고 편하게 대량으로 구입해 먹는 방식을 고수할 것인가. 조금 더 생각해보자. 일거리를 만드는 것처럼 들릴 수 있겠으나, 나의 건강을 위한 것이라면 굳이 하지 못할 것도 없지 않을까.

세 번째 제안은 가능하면 직접 조리하여 식사를 준비하자는 것이다. 이미 잘 알고 있는 사실이고 누구나 강조하는 것이다. 가족 대부분이 경제 활동에 참여하고 있는 현대 사회에서 이 제안이 특정 가족 구성원, 특히 주부에게 과도한 부담을 지우는 것으로 받아들여질지도 모르겠다. 하지만 매일 할 수 없다면 조금씩이라도, 주부 한 사람만이 아니라 가족 구성원이 함께 식사 준비에 참여하며 이런 변화를 꾀해보자. 어차피 습관은 천천히 들이는 것이고 이런 재미를 느끼기 시작하면 그 빈도는 점차로 증가할 것이다. 빈도의 증가는 가족 건강의 척도를 의미하는 것이기도 하다.

마지막으로는 아이들에 대한 배려이다. 음식 습관은 삼대를 간다고 했다. 어릴 때 어떻게 먹는가가 평생을 지배한다. 부모들이 먹던 것, 엄마가 해준 음식에 대한 맛의 기억과 습관은 평생 간다. 아이들에게 좋은 습관과 좋은 언행을 가르치는 것만큼 좋은 식습관을 가르치고 실행하는 것은 매우 중요하다. 식습관이 평생의 건강을 좌우한다는 사실을 명심해야 한다. 부모는 아이들을 위해서 무엇이든 한다. 그러니 아이들의 건강을 위해 건강한 식탁을 만드는 데 조금 더 신경 써야 한다. 영양학의 중요성도 이해시켜야겠지만, 동시에 건강한 음식 먹기와 음식문화가 왜 중요한지도 더 강조해야 한다. 음식의 가치와 함께 말이다.

건강한 음식문화
지키기

 인간이 문명을 만들고 살아오면서 지금처럼 먹을 것이 넘쳐본 적이 있을까. 행복에 겨워해야 할 터인데, 어찌해서 우리는 먹을 것 때문에 골칫거리를 안고 있는 것일까. 아니면 불필요한 고민과 걱정일까. 우리는 과연 건강하게 먹을 수 있는 문화를 가지고 있는 것일까.

 주위를 잠시 둘러본다. 다행히 아직까지 우리의 음식문화는 건강할 수 있는 조건을 갖추고 있는 게 틀림없다. 여러 증거들과 정황이 이러한 믿음을 가능하게 해준다. 아직도 우리는 맛을 표현하는 많은 단어를 갖고 있으며 실제로 그러한 단어들을 사용하고 있다. 모르긴 모르되 언어적으로 우리나라만큼 맛을 표현하는 단어가 풍부한 문화권이 있을까. 맛에 대한 단어와 표현이 다양하고 실제로 이것들을 일상에서 사용한다는 것은 음식에 대한 건강한 경험이 살아있음을 보여주는 것이다. 아쉽게도 그런 단어가 사라지고 사용하는 빈도가 적어기기는 하지만 말이다.

또 다른 정황은 우리의 음식문화가 아주 빠른 시간 안에 변화를 겪고 있다는 것이다. 음식문화의 변화가 빠른 시간 내에 이루어진다는 것은 분명 부정적으로 비춰질 수 있는 문제지만, 역으로 이러한 경험이 오랜 음식문화와 새로운 음식문화를 비교할 수 있는 기회를 제공한다는 점에서 유리한 측면이 있다. 주꾸미와 홍어, 도토리묵과 생선내장탕이 라면과 피자, 초코파이가 공존할 수 있는 사회다. 어떤 먹을거리와 음식문화가 진정 인간에게 유익한 것인지를 직접적인 경험을 통해 분별할 수 있다. 음식의 과거와 현재가 공존하니 비교와 검토가 충분히 가능하다는 말이다.

이미 미국의 사례에서도 보았듯이, 3세대 이상의 시간을 통해 변화된 먹을거리와 음식문화는 다시 돌이킬 수 없는 결과를 초래하고 만다. 미국 사회는 맛과 문화를 한꺼번에 잃어버려서 더 이상 그것들이 무엇인지 인지할 수 없게 되었다. 그래서 그들은 잃어버린 지혜를 복구하지 못하고 그 답을 영양학에서 찾고 있는 것이다. 그에 비하면 우리는 아직 본받고 참고할 만한 건강한 음식문화가 아직 많이 남아 있다.

그러나 건강한 음식문화가 영원히 지속될 수 있으리라고 장담할 수 없다. 가공음식과 제조음식 그리고 알 수 없는 첨가제들이 들어가 미감을 자극하는 음식들이 즐비하게 등장하는 것을 용납한다면, 우리는 그나마 가지고 있는 음식문화를 잃어버리고 말 것이 자명하다. 아직까지 건강할 수 있는 우리의 음식문화에 관심을 가지고 보호하고 관리하지 않는다면 그나마 가지고 있는 우리의 것들이 사라지는 것은 시간 문제다.

우리의 음식문화는 참으로 독창적이다. 뜨거운 음식을 땀을 뻘뻘 흘리며 먹는 것도 그렇지만, 찌개 그릇에 서로의 숟가락을 함께 담가 먹는 것도 기이하다. 그러나 분명 이유가 있다. 살균의 의미가 있으며, 서로의 타액을 섞음으로써 면역 기능도 향상시킨다. 자연이 생산하는 가장 기본적인 맛을 표현하는 단어부터 '얼큰하다'는 복합적인 말까지 존재하는 이면에는 많은 먹을거리에 대한 경험과 준비가 되어 있다는 뜻으로 풀이할 수 있다. 아직까지는 말이다. 그래서 이러한 먹을거리 경험과 음식문화를 잃어버려서는 안 된다. 음식문화는 우리의 소중한 자산이다.

그러하기에 어른들은 물론이거니와 자라나는 아이들에 대한 미각교육은 필수적이다. 가능하면 자연에서 생산되는 맛을 경험할 수 있어야 한다. 맛은 덜 자극적일수록 좋고 첨가물은 가능하면 피하는 것이 좋다. 덜 달고, 덜 짜고, 덜 기름진 음식에 익숙해져야 한다. 아이들을 위한 미각교육에는 어른들이 나서야 한다. 아이들의 입맛은 평생 건강을 지탱해주는 재산이 되기 때문이다. 이를 위해 교육이, 정책이, 정부가, 사회가, 학계가 모두 나서야 한다. 먹는 것이 그리 중요하겠느냐고 생각하는 사람이 있다면 이렇게 얘기해주어야 한다. 먹는 것이 시작이고 마지막이라고.

먹을 수 있다는 것은 건강하다는 의미고, 먹는 것은 다시 사람이 건강하게 살아갈 수 있도록 해준다. 먹을 수 있다는 것과 먹는다는 것은 행복이고 특권이다. 그러니 먹는 것을 열심히 즐기는 것도 건강한 사람들만의 행복이자 특권이다. 먹을 수 있다는 것에 감사해야 한다. 또한 음식을 귀하게 여겨야 한다. 음식을 귀하게 여기면 나 자신도 귀해질 수 있다. 음식을 귀하게 여긴다면 나와 같이 음식을 먹는 사람들도 귀하게 보인다. 아껴 먹고, 싸우지 말고, 나눠 먹고, 가려 먹지 말고, 충분히 먹는 것도 잊지 말아야 한다. 이런 가치는 음식을 귀하게 여기면서도 음식 앞에서 누구도 차별받아서는 안 된다는 것을 말해준다. 음식으로 나와 너, 우리를 한데 묶을 수 있다는 말이다. 최소한 우리 문화는 그러했다.

마지막으로, 음식을 먹는 것은 움직이는 것과 함께 진행되어야 한다. 움직임을 통해 필요한 에너지가 소비되고 영양소가 소진된다. 음식은 이렇게 사용된 에너지와 영양소를 다시 보충하고 대체하고 바꾸는 데 필요하다. 사용하지 않고 보충하지 않으면 될 것 아닌가라고 생각할 수 있겠지만 우리 몸은 그렇

9장 우리는 무엇을 어떻게 먹을 것인가

지 않다. 적정하게 사용함으로써 그 기능을 유지할 수 있다. 이는 마치 자동차와도 같아서, 아끼느라 세워두는 자동차는 오래 쓸 수 없는 것과 마찬가지다. 인체를 적정하게 움직여주고 이러한 움직임에서 필요로 하는 영양소와 에너지를 공급해주는 것이 건강을 위한 가장 올바른 방법이다. 움직임은 먹는 것과 동반되는 필수요건이다.

참고
문헌

1   Fox JE, Gulledge J, Engelhaupt E, Burow ME, McLachlan JA. "Pesticides reduce symbiotic efficiency of nitrogen-fixing rhizobia and host plants." *Proceedings of the National Academy of Sciences*, 104(24): 10282-10287, 2007.

2   Davis DR, Epp MD, Riordan HD. "Changes in USDA food composition data for 43 garden crops, 1950 to 1999." *Journal of American College of Nutrition*, 23(6): 669-682, 2004.

3   Pollan, Michael. *In Defense of Food: An Eater's Manifesto.* The Penguin Press, New York, 2008. p. 115.

4   Pollan, Michael. *In Defense of Food: An Eater's Manifesto.* The Penguin Press, New York, 2008. pp. 119-120.

5   Carbonaro M, Mattera M, Nicoli S, Bergamo P, Cappelloni M. "Modulation of antioxidant compounds in organic vs conventional fruit (peach, Prunus persica L., and pear, Pyrus communis L.)." *Journal of Agricultural and Food Chemistry*, 50(19): 5458-5462, 2002.

6   Allport, Susan. *The Queen of Fats: Why Omega-3s Were Removed from the Western Diet and What We Can Do to Replace Them.* University of

California Press, Berkeley and Los Angeles, 2006. p. 110.

7   Ames BN, Wakimoto P. "Are vitamin and mineral deficiencies a major cancer risk?" *Nature Reviews, Cancer*, 2: 694−704, 2002.

8   Ames BN. "Increasing longevity by tuning up metabolism. To maximize human health and lifespan, scientists must abandon outdated models of micronutrients." *European Molecular Biology Organization*, 6:S20-S24, 2005.

9   Nestle, Marion. *What to Eat*. North Point Press, New York, 2006. pp. 26-27.

10 Vileisis, Ann. *Kitchen Literacy: How we lost knowledge of where food comes from and why we need to get it back*. Island Press/Shearwater Books, Washington, 2008. p. 76.

11 Vileisis, Ann. *Kitchen Literacy: How we lost knowledge of where food comes from and why we need to get it back*. Island Press/Shearwater Books, Washington, 2008. p. 79.

12 Vileisis, Ann. *Kitchen Literacy: How we lost knowledge of where food comes from and why we need to get it back*. Island Press/Shearwater Books, Washington, 2008. p. 87.

13 "Oleomargarine − How it is made," *Scientific American*, April 24, 1880. pp. 258-259. (재인용) Vileisis, Ann. *Kitchen Literacy: How we lost knowledge of where food comes from and why we need to get it back*. Island Press/Shearwater Books, Washington, 2008. p. 87.

14 Nestle, Marion. *What to Eat*. North Point Press, New York, 2006. p. 113.

15 Nestle, Marion. *What to Eat*. North Point Press, New York, 2006. p. 114.

16 Vileisis, Ann. *Kitchen Literacy: How we lost knowledge of where food comes from and why we need to get it back*. Island Press/Shearwater Books, Washington, 2008. p. 92.

17 USDA Economic Research Service. "Major Trends in U.S. Food and Supply, 1909-99." *FoodReview*, 23. 1. 2000.

18 Nestle, Marion. *What to Eat*. North Point Press, New York, 2006. p. 309.

19 Nestle, Marion. *What to Eat.* North Point Press, New York, 2006. p. 309.

20 Nestle, Marion. *What to Eat.* North Point Press, New York, 2006. p. 310.

21 Nestle, Marion. *What to Eat.* North Point Press, New York, 2006. p. 311.

22 Jacobs DR Jr, Steffen LM. "Nutrients, foods, and dietary patterns as exposures in research: a framework for food synergy." *American Journal of Clinical Nutrition,* 78(3 Suppl.): 508S–513S, 2003.

23 Harnack LJ, Jeffery RW, Boutelle KN. "Temporal trends in energy intake in the United States: an ecologic perspective." *American Journal of Clinical Nutrition,* 71:1478–1484, 2000.

24 Rolls BJ. "The supersizing of America." *Nutrition Today,* 38(2): 42–53, 2003.

25 Young LR, Nestle M. "The contribution of expanding portion sizes to the US obesity epidemic." *American Journal of Public Health,* 92:246–249, 2002.

26 Siegel PS. "The completion compulsion in human eating." *Psychology Report,* 3:15–16, 1957.

27 National Alliance for Nutrition and Activity (NANA). *From Wallet to Waistline: The Hidden Costs of Super Sizing.* Washington DC: NANA, 2002.

28 Pollan, Michael. *In Defense of Food: An Eater's Manifesto.* The Penguin Press, New York, 2008. pp. 20–21.

29 Vileisis, Ann. *Kitchen Literacy: How we lost knowledge of where food comes from and why we need to get it back.* Island Press/Shearwater Books, Washington, 2008. p. 137.

30 Vileisis, Ann. *Kitchen Literacy: How we lost knowledge of where food comes from and why we need to get it back.* Island Press/Shearwater Books, Washington, 2008. p. 141.

31 Pollan, Michael. *In Defense of Food: An Eater's Manifesto.* The Penguin Press, New York, 2008. p. 22.

32 Pollan, Michael. *In Defense of Food: An Eater's Manifesto.* The Penguin

Press, New York, 2008. pp. 22-27.

33 National Research Council. *Diet, Nutrition, and Cancer*. National
    Academy Press, Washington D.C., 1982.

34 "The effect of vitamin E and beta carotene on the incidence of lung
    cancer and other cancers in male smokers. The Alpha-Tocopherol,
    Beta Carotene Cancer Prevention Study Group." *New England Journal
    of Medicine*, 330(15): 1029-1035, 1994.

35 Horner NK, Patterson RE, Neuhouser ML, Lampe JW, Beresford SA,
    Prentice RL. "Participant characteristics associated with errors in self-
    reported energy intake from the Women's Health Initiative food-
    frequency questionnaire." *American Journal of Clinical Nutrition*,
    76(4): 766-773, 2002.

36 Pollan, Michael. *In Defense of Food: An Eater's Manifesto*. The Penguin
    Press, New York, 2008. p. 78.

37 Nestle M. *What to Eat*. North Point Press, New York, 2006. p. 329.

38 Nestle M. *What to Eat*. North Point Press, New York, 2006. p. 251.

39 Serdula MK, Gillespie C, Kettel-Khan L, Farris R, Seymour J, Denny
    C. "Trends in fruit and vegetable consumption among adults in the
    United States: Behavioral Risk Factor Surveillance System, 1994-2000."
    American Journal of Public Health, 94: 1014-1018, 2004.

40 Drewnowski A, Darmon N. "Food choices and diet costs: An economic
    analysis." *Journal of Nutrition*, 135: 900-904, 2005.

41 American Heart Association. "Dietary fat and its relation to heart attacks
    and strokes." *Circulation*, 23: 133-136, 1961.

42 Zamiska, Nicholas. "How milk got a major boost from food panel,"
    Wall Street Journal, Aug. 30, 2004.

43 Lesser LI, Ebbeling CB, Goozner M, Wypij D, Ludwig DS. "Relationship
    between funding source and conclusion among nutrition-related
    scientific articles." *PLoS Medicine*, 4(1): e5, 2007.

44 King JC. "The milk debate." *Archives of Internal Medicine*, 165: 975-

976, 2005.

45 Institute of Medicine, *Dietary Reference Intakes for Calcium, Phosphorus, Magnesium, Vitamin D, and Fluoride.* National Academy Press, Washington D.C., 1997.

46 Weinsier RL, Krumdieck CL. "Dairy foods and bone health: Examination of the evidence." *American Journal of Clinical Nutrition,* 72: 681-689, 2000.

47 Nestle, Marion. "Eating made simple; How do you cope with a mountain of conflicting diet advice." *Scientific American,* Sept. 2007. pp. 60-69.

48 Brown HB, Page IH. "Lowering blood lipid levels by changing food patterns." *Journal of American Medical Association,* 168(15): 1989-1995, 1958.

49 Krauss RM, Eckel RH, Howard B, Appel LJ, Daniels SR, Deckelbaum RJ, Erdman JW Jr, Kris-Etherton P, Goldberg IJ, Kotchen TA, Lichtenstein AH, Mitch WE, Mullis R, Robinson K, Wylie-Rosett J, St Jeor S, Suttie J, Tribble DL, Bazzarre TL. "AHA Dietary Guidelines: revision 2000: A statement for healthcare professionals from the Nutrition Committee of the American Heart Association". *Circulationk,* 102(18): 2284-2299, 2000.

50 Nestle, Marion. "Eating made simple." *Scientific American,* Sept. 2007. p. 62.

51 Pollan, Michael. *In Defense of Food: An Eater's Manifesto.* The Penguin Press, New York, 2008. pp. 50-51.

52 Malik VS1, Schulze MB, Hu FB. "Intake of sugar-sweetened beverages and weight gain: a systematic review." *American Journal of Clinical Nutrition,* 84(2): 274-288, 2006.

53 Taubes, Gary. *Good Calories, Bad Calories.* Knopf, New York, 2007.

54 Willett WC. "Diet and health: What should we eat?" *Science,* 264(5158): 532-537, 1994.

55 Hu FB, Manson JE, Willett WC. "Types of dietary fat and risk of coronary heart disease: a critical review." *Journal of the American College of Nutrition*, 20(1): 5-19, 2001.

56 Beresford SA, Johnson KC, Ritenbaugh C, Lasser NL, Snetselaar LG, Black HR, Anderson GL, Assaf AR, Bassford T, Bowen D, Brunner RL, Brzyski RG, Caan B, Chlebowski RT, Gass M, Harrigan RC, Hays J, Heber D, Heiss G, Hendrix SL, Howard BV, Hsia J, Hubbell FA, Jackson RD, Kotchen JM, Kuller LH, LaCroix AZ, Lane DS, Langer RD, Lewis CE, Manson JE, Margolis KL, Mossavar-Rahmani Y, Ockene JK, Parker LM, Perri MG, Phillips L, Prentice RL, Robbins J, Rossouw JE, Sarto GE, Stefanick ML, Van Horn L, Vitolins MZ, Wactawski-Wende J, Wallace RB, Whitlock E. "Low-fat dietary pattern and risk of colorectal cancer: the Women's Health Initiative Randomized Controlled Dietary Modification Trial." *Journal of American Medical Association*, 295(6): 629-642, 643-654, 655-666, 2006.

57 Rothstein WG. "Dietary fat, coronary heart disease, and cancer: A historical review." *Preventive Medicine*, 43: 356-360, 2006.

58 Rothstein WG. "Dietary fat, coronary heart disease, and cancer: A historical review." *Preventive Medicine*, 43: 356-360, 2006.

59 Bogert LJ. *Nutrition and Physical Fitness.* Saunders, Philadelphia, PA, 1932.

60 Bogert LJ. *Nutrition and Physical Fitness.* Saunders, Philadelphia, PA, 1932.

61 Hertzler AA, Anderson HI. "Food guides in the United States: An historical review." *Journal of American Dietetic Association*, 64: 19-28. 1974.

62 Keys A, Brozek J, Henschel A, Mickelsen O, Taylor HL. *The Biology of Human Starvation.* University of Minnesota Press, Minneapolis, IN, 1950.

63 Gordon T. "The diet-heart idea: outline of a history." *American Journal*

of Epidemiology, 127: 220-225, 1988.

64 Duguid JB. "Thrombosis as a factor in the pathogenesis of coronary atherosclerosis." *Journal of Bacteriological Pathology*, 58: 207-212. 1946.

65 Ahrens EH Jr. "Seminar on atherosclerosis: nutritional factors and serum lipid levels." *American Journal of Medicine*, 23(6): 928-952, 1957.

66 *Diet and Health: Implications for Reducing Chronic Disease List*. National Academy Press. Washington D.C., 1989.

67 Rothstein WG. *Public Health and The Risk Factor. A History of An Uneven Medical Revolution*. University of Rochester Press, Rochester, NY, 2003.

68 Strong JP, Malcom GT, McMahan CA, Tracy RE, Newman WP 3rd, Herderick EE, Cornhill JF. "Prevalence and extent of atherosclerosis in adolescents and young adults: implications for prevention from the Pathobiological Determinants of Atherosclerosis in Youth Study." *Journal of American Medical Association*, 281(8): 727-735, 1999.

69 Scott D. "Normal plasma cholesterol in a aan who eats 25 eggs a day." *New England Journal of Medicine*, 325: 584, 1991.

70 Allport, Susan. *The Queen of Fats: Why Omega-3s Were Removed from the Western Diet and What We Can Do to Replace Them*. University of California Press, Berkeley and Los Angeles, 2006. p. 52.

71 Bang HO, Dyerberg J, Nielsen AB. "Plasma lipid and lipoprotein pattern in Greenlandic West-coast Eskimos." *Lancet*, 1(7710): 1143-1145, 1971.

72 Bang HO, Dyerberg J. "Plasma lipids and lipoproteins in Greenlandic west coast Eskimos." *Acta Medica Scandinavica*, 192(1-2): 85-94, 1972.

73 Dyerberg J, Bang HO, Hjorne N. "Fatty acid composition of the plasma lipids in Greenland Eskimos." *American Journal of Clinical Nutrition*, 28(9): 958-966, 1975.

74 Troiano RP, Berrigan D, Dodd KW, Masse LC, Tilert T, McDowell M.

"Physical activity in the United States measured by accelerometer." *Medicine and Science in Sports and Exercise*, 40: 181 – 188, 2008.

75 이대택. 《비만 히스테릭》, 지성사, 2010.

76 Finucane MM, Stevens GA, Cowan MJ, Danaei G, Lin JK, Paciorek CJ, Singh GM, Gutierrez HR, Lu Y, Bahalim AN, Farzadfar F, Riley LM, Ezzati M. "Global Burden of Metabolic Risk Factors of Chronic Diseases Collaborating Group (Body Mass Index). National, regional, and global trends in body-mass index since 1980: systematic analysis of health examination surveys and epidemiological studies with 960 country-years and 9 · 1 million participants." *Lancet*, 377(9765): 557-567, 2011.

77 Flegal KM, Kit BK, Orpana H, Graubard BI. "Association of all-cause mortality with overweight and obesity using standard body mass index categories: a systematic review and meta-analysis." *Journal of American Medical Association*, 309(1): 71-82, 2013.

78 CNN, 2013. 6. 19. Physicians group labels obesity a disease. http://edition.cnn.com/2013/06/19/health/ama-obesity-disease-change/index.html?iref=allsearch

79 Hughes V. "The big fat truth." *Nature*, 497: 428-430, 2013.